2018
中国新闻出版统计资料汇编

国家新闻出版署　编

中国书籍出版社
China Book Press

图书在版编目（CIP）数据

2018 中国新闻出版统计资料汇编/国家新闻出版署编．—北京：中国书籍出版社，2018. 9
ISBN 978-7-5068-6990-4

Ⅰ.①2… Ⅱ.①国… Ⅲ.①出版社－出版物－统计资料－汇编－中国－2018 Ⅳ.①G239. 21

中国版本图书馆 CIP 数据核字（2018）第 199145 号

2018 中国新闻出版统计资料汇编

国家新闻出版署　编

责任编辑　庞　元　钱沛涵
责任印制　孙马飞　马　芝
封面设计　楠竹文化
出版发行　中国书籍出版社
地　　址　北京市丰台区三路居路 97 号（邮编：100073）
电　　话　（010）52257143（总编室）　（010）52257140（发行部）
电子邮箱　eo@ chinabp. com. cn
经　　销　全国新华书店
印　　刷　北京睿和名扬印刷有限公司
开　　本　787 毫米×1092 毫米　1/16
印　　张　12. 25
字　　数　330 千字
版　　次　2018 年 9 月第 1 版　2018 年 9 月第 1 次印刷
书　　号　ISBN 978-7-5068-6990-4
定　　价　136. 00 元

目　录

二〇一七年全国新闻出版业基本情况 …………………………………………………………………… (1)

一、图书出版

全国各类图书出版数量及与上年相比增减百分比 ………………………………………… (15)
中央出版单位各类图书出版数量及与上年相比增减百分比 ……………………………… (19)
地方出版单位各类图书出版数量及与上年相比增减百分比 ……………………………… (23)
全国出版图书用纸量 ……………………………………………………………………………… (27)
全国出版图书用纸量与上年相比增减百分比 ………………………………………………… (27)
使用《中国标准书号》图书出版数量中各类图书所占百分比 …………………………… (28)
全国各地区图书出版总量 ………………………………………………………………………… (29)
全国各地区各类图书出版数量 …………………………………………………………………… (30)
全国各类少年儿童读物出版数量 ……………………………………………………………… (56)
全国各地区少年儿童读物出版数量 …………………………………………………………… (57)
全国课本出版数量 ………………………………………………………………………………… (58)
全国课本出版数量与去年相比增减百分比 …………………………………………………… (58)
课本出版数量（中央出版社） …………………………………………………………………… (59)
课本出版数量与去年相比增减百分比（中央出版社） ……………………………………… (59)
课本出版数量（地方出版社） …………………………………………………………………… (60)
课本出版数量与去年相比增减百分比（地方出版社） ……………………………………… (60)
全国各地区课本出版总量 ………………………………………………………………………… (61)
全国各地区各类课本出版数量 …………………………………………………………………… (62)
在地方图书出版数量中各省（自治区、直辖市）所占百分比 …………………………… (69)
全国图书出版数量（书籍、课本、图片） …………………………………………………… (70)
使用《中国标准书号》各类图书的平均印数、平均印张、平均定价和
平均印张定价 ……………………………………………………………………………………… (72)
各地区使用《中国标准书号》图书的平均印数、平均印张、平均定价和
平均印张定价 ……………………………………………………………………………………… (75)
各类课本的平均印数、平均印张、平均定价和平均印张定价 …………………………… (98)
全国少数民族文字图书出版数量与去年相比增减百分比 ………………………………… (99)
全国少数民族文字图书出版数量 ……………………………………………………………… (100)

二、期刊出版

全国各地区各类期刊出版数量 ………………………………………………………………… (104)
全国各地区少儿期刊、画刊出版数量 ………………………………………………………… (108)

各类期刊占期刊出版总数的百分比 …………………………………………………………………… (109)
主要刊期的期刊出版数量 ……………………………………………………………………………… (110)
各类期刊的平均印张和平均定价 ……………………………………………………………………… (111)
全国少数民族文字期刊分类出版数量 ………………………………………………………………… (112)
全国少数民族文字期刊出版数量与上年相比增减百分比 …………………………………………… (113)

三、报纸出版

全国各级报纸出版数量 ………………………………………………………………………………… (117)
各级综合报纸出版数量 ………………………………………………………………………………… (119)
各级专业报纸出版数量 ………………………………………………………………………………… (121)
各级生活服务报纸出版数量 …………………………………………………………………………… (123)
各级读者对象报纸出版数量 …………………………………………………………………………… (125)
各级文摘报纸出版数量 ………………………………………………………………………………… (127)
主要刊期的报纸出版数量 ……………………………………………………………………………… (129)
全国少数民族文字报纸出版数量 ……………………………………………………………………… (130)
全国少数民族文字报纸出版数量与上年相比增减百分比 …………………………………………… (130)

四、音像、电子出版物出版

按载体形式分类全国各地区录音制品出版品种、数量及发行数量 ………………………………… (133)
按内容分类全国录音制品出版品种、数量 …………………………………………………………… (135)
按内容分类全国各地区录音制品出版品种、数量 …………………………………………………… (136)
按载体形式分类全国各地区录像制品出版品种、数量及发行数量 ………………………………… (144)
按内容分类全国录像制品出版品种、数量 …………………………………………………………… (146)
按内容分类全国各地区录像制品出版品种、数量 …………………………………………………… (147)
按载体形式分类全国各地区电子出版物出版品种、数量及发行数量 ……………………………… (153)

五、出版物印刷

全国出版物印刷生产情况 ……………………………………………………………………………… (157)
全国出版物印刷企业财务情况 ………………………………………………………………………… (158)

六、出版物发行

全国新华书店系统、出版社自办发行单位出版物发行进、销、存情况 …………………………… (161)
全国新华书店系统、出版社自办发行单位出版物纯销售情况 ……………………………………… (162)
全国新华书店系统、出版社自办发行单位出版物销售分类情况 …………………………………… (163)
全国出版物发行网点数量和人数 ……………………………………………………………………… (164)

七、出版物进出口

全国图书、期刊、报纸进出口情况 …………………………………………………………………… (167)
全国音像、电子出版物进出口情况 …………………………………………………………………… (167)

八、版权管理及贸易

全国版权合同登记情况统计 ……………………………………………… (171)
全国作品自愿登记情况统计 ……………………………………………… (172)
引进版权汇总表 ……………………………………………………… (173)
输出版权汇总表 ……………………………………………………… (173)
版权执法 …………………………………………………………… (174)

九、出版机构、人员及单位名录

各地区图书、音像、出版物印刷、物资机构数及职工人数 ………………… (177)
全国图书出版单位名录 ………………………………………………… (178)
全国音像出版单位名录 ………………………………………………… (184)

二〇一七年全国新闻出版业基本情况

2017年，全国共出版图书、期刊、报纸、音像制品和电子出版物485.23亿册（份、盒、张），较上年降低5.43%。其中，出版图书92.44亿册（张），增长2.29%，占全部数量的19.05%；期刊24.92亿册，降低7.59%，占5.14%；报纸362.50亿份，降低7.07%，占74.70%；音像制品25591.88万盒（张），降低7.22%，占0.53%；电子出版物28132.93万张，降低3.21%，占0.58%。全国出版图书、期刊、报纸总印张为2020.94亿印张，与上年相比，降低7.99%。

图　　书

截至2017年年底，全国共有出版社585家（包括副牌社33家），其中中央级出版社219家（包括副牌社13家），地方出版社366家（包括副牌社20家）。

一、图书出版总量

2017年，全国出版新版图书255106种，总印数22.74亿册（张），总印张230.05亿印张，定价总金额690.39亿元；与上年相比，品种降低2.79%，总印数降低5.58%，总印张降低4.79%，定价总金额增长1.32%。重印图书257381种，总印数53.87亿册（张），总印张464.26亿印张，定价总金额918.55亿元；与上年相比，品种增长8.39%，总印数增长5.25%，总印张增长9.26%，定价总金额增长17.31%。租型图书总印数15.83亿册（张），总印张113.73亿印张，定价总金额122.31亿元；与上年相比，总印数增长4.81%，总印张增长2.78%，定价总金额增长4.98%。

其中：

1. 书籍新版231173种，重印194443种，总印数59.69亿册（张），总印张549.02亿印张，定价总金额1370.12亿元。与上年相比，新版品种降低1.58%，重印品种增长10.75%，总印数增长3.96%，总印张增长6.82%，定价总金额增长12.10%。

2. 课本新版23776种，重印62815种，总印数32.56亿册（张），总印张258.18亿印张，定价总金额356.57亿元。与上年相比，新版品种降低13.03%，重印品种增长1.87%，总印数降低0.63%，总印张降低1.65%，定价总金额增长0.43%。

3. 图片新版157种，重印123种，总印数0.03亿册（张），总印张0.06亿印张，定价总金额0.51亿元。与上年相比，新版品种降低23.41%，重印品种降低48.75%，总印数降低39.23%，总印张降低38.95%，定价总金额降低20.63%。

4. 附录总印数0.17亿册（张），总印张0.77亿印张，定价总金额4.05亿元。

二、各类图书出版情况

在使用中国标准书号的22类出版物中：

1. 马列主义、毛泽东思想类新版506种，重印271种，总印数1127万册（张），总印张186518

千印张，定价总金额 36189 万元，占新版品种 0.20%、重印品种 0.11%、总印数 0.12%、总印张 0.23%、定价总金额 0.21%。与上年相比，新版品种增长 4.76%，重印品种增长 4.23%，总印数降低 27.52%，总印张降低 23.98%，定价总金额降低 17.62%。

2. 哲学类新版 6277 种，重印 3707 种，总印数 6765 万册（张），总印张 933005 千印张，定价总金额 284817 万元，占新版品种 2.46%、重印品种 1.44%、总印数 0.73%、总印张 1.15%、定价总金额 1.65%。与上年相比，新版品种增长 0.90%，重印品种增长 3.69%，总印数增长 2.89%，总印张增长 0.86%，定价总金额增长 5.48%。

3. 社会科学总论类新版 3025 种，重印 2420 种，总印数 2668 万册（张），总印张 416760 千印张，定价总金额 115689 万元，占新版品种 1.19%、重印品种 0.94%、总印数 0.29%、总印张 0.52%、定价总金额 0.67%。与上年相比，新版品种降低 12.01%，重印品种增长 5.63%，总印数增长 0.68%，总印张降低 3.15%，定价总金额降低 0.03%。

4. 政治、法律类新版 13002 种，重印 5254 种，总印数 24765 万册（张），总印张 2718674 千印张，定价总金额 672750 万元，占新版品种 5.10%、重印品种 2.04%、总印数 2.68%、总印张 3.36%、定价总金额 3.89%。与上年相比，新版品种降低 8.47%，重印品种增长 9.23%，总印数降低 15.47%，总印张降低 9.40%，定价总金额降低 2.44%。

5. 军事类新版 981 种，重印 429 种，总印数 848 万册（张），总印张 107736 千印张，定价总金额 30741 万元，占新版品种 0.38%、重印品种 0.17%、总印数 0.09%、总印张 0.13%、定价总金额 0.18%。与上年相比，新版品种降低 11.78%，重印品种降低 1.61%，总印数降低 1.17%，总印张降低 10.74%，定价总金额降低 5.98%。

6. 经济类新版 20598 种，重印 14242 种，总印数 15267 万册（张），总印张 2536135 千印张，定价总金额 696269 万元，占新版品种 8.07%、重印品种 5.53%、总印数 1.65%、总印张 3.14%、定价总金额 4.02%。与上年相比，新版品种增长 1.21%，重印品种增长 2.66%，总印数降低 4.02%，总印张增长 0.21%，定价总金额增长 4.38%。

7. 文化、科学、教育、体育类新版 81082 种，重印 129055 种，总印数 696426 万册（张），总印张 52381798 千印张，定价总金额 9106387 万元，占新版品种 31.78%、重印品种 50.14%、总印数 75.34%、总印张 64.83%、定价总金额 52.60%。与上年相比，新版品种降低 2.25%，重印品种增长 7.92%，总印数增长 1.99%，总印张增长 3.05%，定价总金额增长 9.33%。

8. 语言、文字类新版 8719 种，重印 13071 种，总印数 25745 万册（张），总印张 3383340 千印张、定价总金额 833166 万元，占新版品种 3.42%、重印品种 5.08%、总印数 2.79%、总印张 4.19%、定价总金额 4.81%。与上年相比，新版品种降低 12.26%、重印品种增长 8.17%，总印数增长 20.06%，总印张增长 11.69%，定价总金额增长 20.50%。

9. 文学类新版 36585 种，重印 20205 种，总印数 73772 万册（张），总印张 7859236 千印张，定价总金额 2085704 万元，占新版品种 14.34%、重印品种 7.85%、总印数 7.98%、总印张 9.73%、定价总金额 12.05%。与上年相比，新版品种降低 2.03%，重印品种增长 17.75%，总印数增长 14.52%，总印张增长 21.08%，定价总金额增长 24.89%。

10. 艺术类新版 17533 种，重印 9761 种，总印数 19941 万册（张），总印张 1647613 千印张，定价总金额 746790 万元，占新版品种 6.87%、重印品种 3.79%、总印数 2.16%、总印张 2.04%、定价总金额 4.31%。与上年相比，新版品种降低 5.48%，重印品种增长 9.10%，总印数增长 3.64%，总印张增长 7.82%，定价总金额增长 6.70%。

11. 历史、地理类新版 12992 种，重印 5728 种，总印数 12486 万册（张），总印张 1822403 千印张，定价总金额 669158 万元，占新版品种 5.09%、重印品种 2.23%、总印数 1.35%、总印张 2.26%、定价总金额 3.87%。与上年相比，新版品种降低 3.33%、重印品种增长 9.29%，总印数降低 4.56%，总印张增长 8.00%，定价总金额增长 8.13%。

12. 自然科学总论类新版 431 种，重印 362 种，总印数 551 万册（张），总印张 60030 千印张，定价总金额 25445 万元，占新版品种 0.17%、重印品种 0.14%、总印数 0.06%、总印张 0.07%、定价总金额 0.15%。与上年相比，新版品种增长 7.48%，重印品种降低 8.59%，总印数增长 6.37%，总印张降低 10.20%，定价总金额增长 24.87%。

13. 数理科学、化学类新版 2955 种，重印 6527 种，总印数 4157 万册（张），总印张 658564 千印张，定价总金额 148928 万元，占新版品种 1.16%、重印品种 2.54%、总印数 0.45%、总印张 0.82%、定价总金额 0.86%。与上年相比，新版品种降低 1.43%，重印品种增长 11.59%，总印数增长 1.00%，总印张增长 2.55%，定价总金额增长 8.94%。

14. 天文学、地球科学类新版 2010 种，重印 958 种，总印数 1276 万册（张），总印张 159227 千印张，定价总金额 64607 万元，占新版品种 0.79%、重印品种 0.37%、总印数 0.14%、总印张 0.20%、定价总金额 0.37%。与上年相比，新版品种增长 12.35%，重印品种降低 0.93%，总印数增长 4.33%，总印张增长 11.46%，定价总金额增长 11.98%。

15. 生物科学类新版 1927 种，重印 1559 种，总印数 1922 万册（张），总印张 224142 千印张，定价总金额 80393 万元，占新版品种 0.76%、重印品种 0.61%、总印数 0.21%、总印张 0.28%、定价总金额 0.46%。与上年相比，新版品种增长 0.94%，重印品种增长 3.86%，总印数降低 5.92%，总印张增长 1.91%，定价总金额增长 12.38%。

16. 医药、卫生类新版 13486 种，重印 9147 种，总印数 10356 万册（张），总印张 1805428 千印张，定价总金额 518358 万元，占新版品种 5.29%、重印品种 3.55%、总印数 1.12%、总印张 2.23%、定价总金额 2.99%。与上年相比，新版品种降低 0.81%，重印品种增长 15.29%，总印数降低 6.21%，总印张降低 3.64%，定价总金额降低 1.63%。

17. 农业科学类新版 3381 种，重印 2136 种，总印数 1922 万册（张），总印张 205639 千印张，定价总金额 69146 万元，占新版品种 1.33%、重印品种 0.83%、总印数 0.21%、总印张 0.25%、定价总金额 0.40%。与上年相比，新版品种增长 10.27%，重印品种增长 2.94%，总印数增长 8.16%，总印张增长 4.81%，定价总金额增长 14.78%。

18. 工业技术类新版 21472 种，重印 27311 种，总印数 15996 万册（张），总印张 2811672 千印张，定价总金额 787359 万元，占新版品种 8.42%、重印品种 10.61%、总印数 1.73%、总印张 3.48%、定价总金额 4.55%。与上年相比，新版品种降低 5.44%，重印品种增长 7.59%，总印数降低 3.07%，总印张降低 0.64%，定价总金额增长 4.14%。

19. 交通运输类新版 2930 种，重印 3105 种，总印数 2522 万册（张），总印张 336775 千印张，定价总金额 102706 万元，占新版品种 1.15%、重印品种 1.21%、总印数 0.27%、总印张 0.42%、定价总金额 0.59%。与上年相比，新版品种增长 10.90%，重印品种增长 3.29%，总印数降低 6.45%，总印张降低 4.86%，定价总金额增长 2.91%。

20. 航空、航天类新版 381 种，重印 232 种，总印数 191 万册（张），总印张 24644 千印张，定价总金额 10420 万元，占新版品种 0.15%、重印品种 0.09%、总印数 0.02%、总印张 0.03%、定价总金额 0.06%。与上年相比，新版品种增长 7.63%，重印品种增长 25.41%，总印数增长 24.03%，总印张增长 8.26%，定价总金额增长 17.70%。

21. 环境科学类新版 1584 种，重印 941 种，总印数 1019 万册（张），总印张 98346 千印张，定价总金额 34311 万元，占新版品种 0.62%、重印品种 0.37%、总印数 0.11%、总印张 0.12%、定价总金额 0.20%。与上年相比，新版品种降低 0.56%，重印品种增长 43.88%，总印数增长 20.45%，总印张增长 12.71%，定价总金额增长 14.39%。

22. 综合性图书类新版 3092 种，重印 837 种，总印数 2768 万册（张），总印张 342801 千印张，定价总金额 147568 万元，占新版品种 1.21%、重印品种 0.33%、总印数 0.30%、总印张 0.42%、定价总金额 0.85%。与上年相比，新版品种降低 0.99%，重印品种降低 17.62%，总印数降低 9.22%，总印张降低 12.69%，定价总金额降低 16.24%。

三、各类课本出版情况

1. 大专及以上课本新版 19066 种，重印 43348 种，总印数 30303 万册（张），总印张 5317760 千印张，定价总金额 1134594 万元。与上年相比，新版品种降低 12.73%，重印品种增长 4.67%，总印数降低 2.90%，总印张降低 3.09%，定价总金额增长 1.88%。

2. 中专、技校课本新版 1417 种，重印 4266 种，总印数 5093 万册（张），总印张 647879 千印张，定价总金额 126391 万元。与上年相比，新版品种降低 22.82%，重印品种降低 10.08%，总印数降低 23.96%，总印张降低 24.00%，定价总金额降低 20.69%。

3. 中学课本新版 662 种，重印 5353 种，总印数 151823 万册（张），总印张 11724114 千印张，定价总金额 1235633 万元。与上年相比，新版品种降低 17.87%，重印品种降低 5.02%，总印数降低 0.82%，总印张降低 1.66%，定价总金额降低 0.61%。

4. 小学课本新版 856 种，重印 4674 种，总印数 133116 万册（张），总印张 7350399 千印张，定价总金额 877150 万元。与上年相比，新版品种降低 10.65%，重印品种降低 1.68%，总印数增长 1.33%，总印张增长 1.51%，定价总金额增长 2.31%。

5. 业余教育课本新版 931 种，重印 1707 种，总印数 2415 万册（张），总印张 401364 千印张，定价总金额 99465 万元。与上年相比，新版品种降低 27.44%，重印品种降低 3.01%，总印数降低 6.25%，总印张降低 2.03%，定价总金额降低 0.60%。

6. 扫盲课本新版 3 种，重印 1 种，总印数 62 万册（张），总印张 6787 千印张，定价总金额 2909 万元。

7. 教学用书新版 841 种，重印 3466 种，总印数 2800 万册（张），总印张 369814 千印张，定价总金额 89522 万元。与上年相比，新版品种增长 38.32%，重印品种增长 3.31%，总印数增长 1.16%，总印张增长 9.19%，定价总金额增长 16.81%。

四、少年儿童读物出版情况

2017 年，全国共出版少年儿童读物新版 22834 种，重印 19607 种，总印数 82007 万册（张），总印张 4883681 千印张，定价总金额 1754839 万元。与上年相比，新版品种降低 10.18%，重印品种增长 7.63%，总印数增长 5.42%，总印张增长 7.85%，定价总金额增长 9.66%。

期　　刊

一、期刊出版总量

2017 年，全国共出版期刊 10130 种，平均期印数 13085 万册，每种平均期印数 1.34 万册，总印数 24.92 亿册，总印张 136.66 亿印张，定价总金额 223.89 亿元。与上年相比，品种增长 0.46%，平均期印数降低 5. 90% ，每种平均期印数降低 6. 77% ，总印数降低 7. 59% ，总印张降低 10. 06% ，定价总金额降低 3. 67% 。

二、各类期刊出版情况

各类期刊的出版数量、所占比重及与上年相比增减百分比如下：

1. 哲学、社会科学类期刊 2676 种，平均期印数 6651 万册，总印数 119654 万册，总印张 6062602 千印张；占期刊品种 26. 42% ，总印数 48. 01% ，总印张 44. 36% 。与上年相比，品种增长 0. 45% ，平均期印数降低 3. 06% ，总印数降低 5. 76% ，总印张降低 6. 60% 。

2. 文化、教育类期刊 1397 种，平均期印数 2505 万册，总印数 58717 万册，总印张 2930625 千印张；占期刊品种 13. 79% ，总印数 23. 56% ，总印张 21. 44% 。与上年相比，品种增长 1. 01% ，平均期印数降低 6. 50% ，总印数降低 4. 90% ，总印张降低 8. 36% 。

3. 文学、艺术类期刊 665 种，平均期印数 839 万册，总印数 20814 万册，总印张 1160351 千印张；占期刊品种 6. 56% ，总印数 8. 35% ，总印张 8. 49% 。与上年相比，品种增长 1. 06% ，平均期印数降低 17. 58% ，总印数降低 19. 35% ，总印张降低 22. 52% 。

4. 自然科学、技术类期刊 5027 种，平均期印数 2298 万册，总印数 33349 万册，总印张 2620875 千印张；占期刊品种 49. 62% ，总印数 13. 38% ，总印张 19. 18% 。与上年相比，品种增长 0. 26% ，平均期印数降低 7. 92% ，总印数降低 9. 67% ，总印张降低 13. 80% 。

5. 综合类期刊 365 种，平均期印数 792 万册，总印数 16679 万册，总印张 891638 千印张；占期刊品种 3. 60% ，总印数 6. 69% ，总印张 6. 52% 。与上年相比，品种持平，平均期印数降低 6. 98% ，总印数降低 8. 51% ，总印张降低 7. 92% 。

三、少年儿童期刊出版情况

2017 年，全国共出版少年儿童期刊 211 种，平均期印数 1596 万册，总印数 44612 万册，总印张 1463866 千印张；占期刊品种 2. 08% ，总印数 17. 90% ，总印张 10. 71% 。与上年相比，品种降低 0. 47% ，平均期印数降低 11. 10% ，总印数降低 12. 00% ，总印张降低 16. 53% 。

四、画刊出版情况

2017 年，全国共出版画刊（不含面向少年儿童的画刊）55 种，平均期印数 56 万册，总印数 835 万册，总印张 72028 千印张；占期刊品种 0. 54% ，总印数 0. 33% ，总印张 0. 53% 。与上年相比，品种持平，平均期印数降低 10. 97% ，总印数降低 5. 86% ，总印张降低 10. 05% 。

五、动漫期刊出版情况

2017 年，全国共出版动漫期刊 37 种，平均期印数 161 万册，总印数 5173 万册，总印张 306983 千印张；占期刊品种 0. 37% ，总印数 2. 08% ，总印张 2. 25% 。与上年相比，品种降低 7. 50% ，平均期印数降低 37. 13% ，总印数降低 37. 06% ，总印张降低 39. 67% 。

报　　纸

一、报纸出版总量

2017 年，全国共出版报纸 1884 种，平均期印数 18669. 49 万份，每种平均期印数 9. 91 万份，总印数 362.50 亿份，总印张 1076.24 亿印张，定价总金额 398.85 亿元。与上年相比，品种降低 0.53%，平均期印数降低 4.23%，每种平均期印数降低 3.73%，总印数降低 7.07%，总印张降低 15.07%，定价总金额降低 2.29%。

二、各级报纸出版情况

1. 全国性和省级报纸 981 种，平均期印数 14130.09 万份，总印数 244.83 亿份，总印张 707.11 亿印张。占报纸品种 52.07%，总印数 67.54%，总印张 65.70%。与上年相比，品种降低 1.60%，平均期印数降低 3.78%，总印数降低 7.38%，总印张降低 15.75%。其中：

全国性报纸 215 种，平均期印数 2992.68 万份，总印数 78.14 亿份，总印张 224.59 亿印张；占报纸品种 11.41%，总印数 21.56%，总印张 20.87%。与上年相比，品种降低 0.92%，平均期印数降低 1.22%，总印数降低 0.79%，总印张降低 0.35%。

省级报纸 766 种，平均期印数 11137.41 万份，总印数 166.69 亿份，总印张 482.51 亿印张；占报纸品种 40.66%，总印数 45.98%，总印张 44.83%。与上年相比，品种降低 1.79%，平均期印数降低 4.45%，总印数降低 10.17%，总印张降低 21.40%。

2. 地、市级报纸 884 种，平均期印数 4510.55 万份，总印数 116.87 亿份，总印张 367.86 亿印张；占报纸品种 46.92%，总印数 32.24%，总印张 34.18%。与上年相比，品种增长 0.68%，平均期印数降低 5.65%，总印数降低 6.45%，总印张降低 13.71%。

3. 县级报纸 19 种，平均期印数 28.85 万份，总印数 0.80 亿份，总印张 1.28 亿印张；占报纸品种 1.01%，总印数 0.22%，总印张 0.12%。与上年相比，品种持平，平均期印数降低 1.35%，总印数降低 0.98%，总印张降低 23.18%。

三、各类报纸出版情况

1. 综合报纸 852 种，平均期印数 6945.37 万份，总印数 229.05 亿份，总印张 828.92 亿印张；占报纸品种 45.22%，总印数 63.19%，总印张 77.02%。与上年相比，品种增长 0.24%，平均期印数降低 8.23%，总印数降低 8.61%，总印张降低 17.26%。

2. 专业报纸 693 种，平均期印数 9057.97 万份，总印数 103.38 亿份，总印张 187.21 亿印张；占报纸品种 36.78%，总印数 28.52%，总印张 17.40%。与上年相比，品种降低 1.00%，平均期印数增长 0.21%，总印数降低 3.31%，总印张降低 5.20%。

3. 生活服务报纸 214 种，平均期印数 1091.41 万份，总印数 9.70 亿份，总印张 30.76 亿印张；占报纸品种 11.36%，总印数 2.68%，总印张 2.86%。与上年相比，品种降低持平，平均期印数降低 11.92%，总印数降低 8.68%，总印张降低 12.63%。

4. 读者对象报纸 103 种，平均期印数 1243.09 万份，总印数 16.00 亿份，总印张 23.23 亿印张；占报纸品种 5.47%，总印数 4.41%，总印张 2.16%。与上年相比，品种降低 3.74%，平均期印数降低 3.57%，总印数降低 6.92%，总印张降低 11.35%。

5. 文摘报纸 22 种，平均期印数 331.65 万份，总印数 4.36 亿份，总印张 6.11 亿印张；占报纸品种 1.17%，总印数 1.20%，总印张 0.57%。与上年相比，品种降低 4.35%，平均期印数降低 7.87%，总印数降低 7.43%，总印张降低 6.66%。

音像制品与电子出版物

截至 2017 年年底，全国共有音像制品出版单位 381 家，电子出版物出版单位 307 家。

一、录音制品出版情况

2017年，全国共出版录音制品8259种，18676.73万盒（张）。与上年相比，品种降低5.21%，出版数量降低12.56%。

各类录音制品的出版数量及其增减百分比如下：

1. 录音带（AT）新版254种、663.08万盒，再版958种、6893.03万盒，合计1212种、7556.11万盒。与上年相比，品种降低20.58%，数量降低34.01%。

2. 激光唱盘（CD）新版2365种、1542.66万张，再版3742种、8109.37万张，合计6107种、9652.03万张。与上年相比，品种增长4.50%，数量增长24.46%。少年儿童类402种，数量385.91万张。

3. 高密度激光唱盘（DVD-A）及其他载体新版423种、413.04万张，再版517种、1055.56万张，合计940种、1468.59万张。与上年相比，品种降低30.01%，数量降低31.77%。少年儿童类10种，数量1.75万张。

二、录像制品出版情况

2017年，全国共出版录像制品5293种、6915.15万盒（张）。与上年相比，品种降低6.67%，出版数量增长11.07%。

各类录像制品的出版数量及其增减百分比如下：

1. 录像带（VT）及其他载体新版113种、21.37万盒，再版19种、10.63万盒，合计132种、32.00万盒。与上年相比，品种降低14.29%，数量降低5.46%。少年儿童类1种，数量0.001万盒。

2. 数码激光视盘（VCD）新版203种、385.53万张，再版468种、877.99万张，合计671种、1263.52万张。与上年相比，品种降低15.28%，数量降低14.61%。少年儿童类150种，数量334.85万张。

3. 高密度激光视盘（DVD-V）新版3212种、3526.21万张，再版1278种、2093.42万张，合计4490种、5619.63万张。与上年相比，品种降低4.97%，数量增长19.25%。少年儿童类381种，数量1877.77万张。

三、电子出版物出版情况

2017年，全国共出版电子出版物9240种、28132.93万张。与上年相比，品种降低6.06%，出版数量降低3.21%。

1. 只读光盘（CD-ROM）新版1984种、6628.04万张，再版3762种、18529.13万张，合计5746种、25157.16万张。与上年相比，品种增长5.53%，数量增长9.16%。

2. 高密度只读光盘（DVD-ROM）新版1630种、1032.52万张，再版1396种、1587.32万张，合计3026种、2619.84万张。与上年相比，品种增长3.91%，数量降低47.58%。

3. 交互式光盘（CD-I）及其他载体新版377种、235.33万张，再版91种、120.59万张，合计468种、355.92万张。与上年相比，品种降低68.36%，数量降低65.08%。

印刷复制

一、印刷复制总体情况

2017 年，印刷复制（包括出版物印刷、包装装潢印刷、其他印刷品印刷、专项印刷、印刷物资供销和复制）实现营业收入 13156.49 亿元，较 2016 年同口径①增长 4.68%；利润总额 850.03 亿元，增长 1.26%。出版物印刷（含专项印刷）营业收入 1670.39 亿元，增长 4.04%；利润总额 117.59 亿元，增长 1.41%。包装装潢印刷营业收入 10172.79 亿元，增长 4.74%；利润总额 638.14 亿元，增长 1.40%。其他印刷品营业收入 1095.67 亿元，增长 1.03%；利润总额 93.20 亿元，降低 0.71%。

二、单位数量与从业人员情况（含专项印刷）

2017 年，全国出版物印刷企业（含专项印刷）共有 8753 家，与上年相比降低 2.05%；职工年末平均人数 45.17 万人，与上年相比降低 5.56%。

三、出版物印刷企业产量与用纸量（含专项印刷）

1. 图书、报纸、期刊及其他印刷品黑白印刷产量 30375.05 万令，彩色印刷产量 140600.54 万对开色令。与上年相比，黑白印刷产量降低 3.63%，彩色印刷产量降低 6.69%。

2. 装订产量 33425.47 万令，与上年相比降低 0.72%。

3. 印刷用纸量（包含平版纸和卷筒纸）62255.52 万令，与上年相比降低 3.18%。

出版物发行

一、发行网点与从业人员情况

2017 年，全国共有出版物发行网点 162811 处，与上年相比降低 0.18%。其中新华书店及其发行网点 9633 处，增长 7.08%；出版社自办发行网点 437 处，增长 4.05%；邮政系统发行网点 40523 处；其他批发网点 8969 处，集个体零售网点 103190 处。

2017 年，全国新华书店系统与出版社自办发行网点从业人员共有 13.24 万人，与上年相比降低 5.02%。

二、出版物购进情况

2017 年，全国新华书店系统、出版社自办发行单位出版物总购进 211.02 亿册（张、份、盒）、3042.19 亿元，与上年相比，数量增长 1.56%，金额增长 6.48%。其中：新华书店系统购进 140.39 亿册（张、份、盒），与上年相比降低 1.14%，购进金额 1659.17 亿元，增长 3.34%。

三、出版物销售情况

（一）总销售情况

2017 年，全国新华书店系统、出版社自办发行单位出版物总销售 213.19 亿册（张、份、盒）、2954.43 亿元。与上年相比，数量增长 2.36%，金额增长 6.61%。其中：新华书店系统销售 143.59

① 未包括打字复印。

亿册（张、份、盒）、1649.33 亿元；与上年相比，数量增长 0.68%，金额增长 3.27%。

其中：

1. 居民和社会团体零售总额 888.68 亿元，与上年相比增长 6.67%。其中：城市零售 759.53 亿元，农村零售 129.15 亿元。城乡零售比为 5.88：1。

2. 出版物批发销售总额 2063.70 亿元，与上年相比增长 6.57%，批零比为 2.32：1。其中：批发给市（县）批发机构、出版物零售发行企业 2045.08 亿元，与上年相比增长 6.58%；批发给县以下单位或个人 18.62 亿元，比上年增长 6.16%。

3. 出口总额 2.06 亿元，比上年增长 11.35%。

（二）纯销售情况

2017 年，全国新华书店系统、出版社自办发行单位出版物纯销售 72.80 亿册（张、份、盒）、909.35 亿元；与上年相比，数量增长 3.63%，金额增长 6.67%。

（三）各类出版物零售情况

2017 年，全国新华书店系统、出版社自办发行单位各类出版物的零售数量、金额及其所占零售总量比重如下：

1. 图书 70.21 亿册、850.84 亿元，占零售数量 98.67%、零售金额 95.74%。其中：

（1）哲学、社会科学类图书 3.05 亿册、59.91 亿元，占零售数量 4.28%、零售金额 6.74%。

（2）文化、教育类图书 57.05 亿册、621.00 亿元，占零售数量 80.17%、零售金额 69.88%。其中：中小学课本及教学用书 27.01 亿册、243.17 亿元，占零售数量 37.96%、零售金额 27.36%；教辅读物 22.01 亿册、259.92 亿元，占零售数量 30.93%、零售金额 29.25%。

（3）文学、艺术类图书 2.95 亿册、63.19 亿元，占零售数量 4.15%、零售金额 7.11%。

（4）自然科学、技术类图书 1.50 亿册、38.84 亿元，占零售数量 2.11%、零售金额 4.37%。

（5）综合类图书 5.66 亿册、67.90 亿元，占零售数量 7.95%、零售金额 7.64%。

此外，少年儿童读物 2.12 亿册、41.62 亿元，占零售数量 2.98%、零售金额 4.68%；大中专教材、业余教育及教学用书 1.29 亿册、26.94 亿元，占零售数量 1.81%、零售金额 3.03%。

2. 期刊 0.34 亿册、11.93 亿元，占零售数量 0.47%、零售金额 1.34%。

3. 报纸 0.10 亿份、0.93 亿元，占零售数量 0.14%、零售金额 0.10%。

4. 音像制品 0.39 亿盒（张）、7.10 亿元，占零售数量 0.55%、零售金额 0.80%。

5. 电子出版物 0.13 亿张、3.50 亿元，占零售数量 0.18%、零售金额 0.39%。

6. 数字出版物（电子书等，不包含电子阅读器等硬件）14.38 亿元，占零售金额 1.62%。

四、出版物库存情况

全国新华书店系统、出版社自办发行单位年末库存 62.59 亿册（张、份、盒）、1220.97 亿元；与上年相比，数量降低 4.81%，金额增长 6.82%。

五、非出版物商品销售

非出版物商品销售金额 386.53 亿元（不含在销售总额之内）。

出版物进出口

一、图书、报纸、期刊出口

2017 年，全国累计出口图书、报纸、期刊 2172.02 万册（份）、7831.81 万美元。与上年相比，数量增长 0.10%，金额增长 0.60%。其中：全国出版物进出口经营单位累计出口 1870.72 万册（份）、6024.66 万美元；与上年相比，数量增长 5.96%，金额增长 2.34%。全国出版物进出口经营单位累计出口构成如下：

1. 图书出口 1232.71 万册、5460.53 万美元。与上年相比，数量降低 15.00%，金额增长 0.98%。

2. 期刊出口 335.19 万册、504.37 万美元。与上年相比，数量增长 26.16%，金额增长 13.65%。

3. 报纸出口 302.82 万份、59.76 万美元。与上年相比，数量增长 511.14%，金额增长 68.24%。

全国出版物进出口经营单位各类图书出口的数量、金额及其所占全国出版物进出口经营单位图书出口总量的比重如下：

1. 哲学、社会科学类 177.09 万册、1438.03 万美元，占数量 14.36%、金额 26.34%。

2. 文化、教育类 144.32 万册、1001.70 万美元，占数量 11.71%、金额 18.34%。

3. 文学、艺术类 198.92 万册、1102.92 万美元，占数量 16.14%、金额 20.20%。

4. 自然、科学技术类 46.81 万册、291.03 万美元，占数量 3.80%、金额 5.33%。

5. 少儿读物类 539.70 万册、802.35 万美元，占数量 43.78%、金额 14.69%。

6. 综合类 125.87 万册、824.50 万美元，占数量 10.21%、金额 15.10%。

二、图书、报纸、期刊进口

2017 年，全国出版物进出口经营单位累计进口图书、报纸、期刊 3255.60 万册（份）、31978.76 万美元。与上年相比，数量增长 4.74%，金额增长 6.41%。其中：

1. 图书进口 2033.59 万册、17036.94 万美元。与上年相比，数量增长 31.06%，金额增长 18.13%。

2. 期刊进口 311.74 万册、13595.01 万美元。与上年相比，数量降低 7.87%，金额降低 3.84%。

3. 报纸进口 910.27 万份、1346.81 万美元。与上年相比，数量降低 25.28%，金额降低 9.79%。

各类图书进口的数量、金额及其所占图书进口总量的比重如下：

1. 哲学、社会科学类 86.39 万册、2549.01 万美元，占数量 4.25%、金额 14.96%。

2. 文化、教育类 436.38 万册、3903.70 万美元，占数量 21.46%、金额 22.91%。

3. 文学、艺术类 265.11 万册、2108.04 万美元，占数量 13.04%、金额 12.37%。

4. 自然、科学技术类 66.38 万册、2368.56 万美元，占数量 3.26%、金额 13.91%。

5. 少儿读物类 690.59 万册、2371.98 万美元，占数量 33.96%、金额 13.92%。

6. 综合类 488.74 万册、3735.65 万美元，占数量 24.03%、金额 21.93%。

三、音像制品、电子出版物与数字出版物出口

2017 年，全国累计出口音像制品、电子出版物与数字出版物 6.40 万盒（张）、2933.09 万美元。与上年相比，数量降低 45.56%，金额降低 9.07%。其中：全国出版物进出口经营单位累计出口 1.93 万盒（张）、163.34 万美元；与上年相比，数量增长 45.40%，金额增长 4.42%。

全国出版物进出口经营单位累计出口构成如下：

1. 高密度激光唱盘（DVD-A）18123 张、30.49 万美元，占数量 93.93%、金额 18.67%。

2. 高密度激光视盘（DVD-V）1171 盒、0.78 万美元，占数量 6.07%、金额 0.48%。

3. 数字出版物 132.07 万美元，占出口金额 80.86%。

四、音像制品、电子出版物与数字出版物进口

2017 年，全国出版物进出口经营单位累计进口音像制品、电子出版物与数字出版物 13.56 万盒（张）、34584.46 万美元。与上年相比，数量增长 25.40%，金额增长 33.74%。其中：

1. 激光唱盘（CD）130951 张、119.85 万美元，占数量 96.61%、金额 0.35%。与上年相比，数量增长 33.27%，金额增长 24.95%。

2. 高密度激光视盘（DVD-V）4600 张、10.10 万美元，占数量 3.39%、金额 0.03%。与上年相比，数量降低 53.23%，金额降低 41.69%。

3. 数字出版物 34454.51 万美元，占进口金额 99.62%。与上年相比，金额增长 33.82%。

版权管理与版权贸易

一、版权管理

（一）受理、查处案件

2017 年，全国各级版权行政管理机关共检查经营单位 636864 家，取缔违法经营单位 4102 家，查获地下窝点 155 个，行政处罚 3552 起，移送司法机关案件 442 件。

（二）收缴盗版品

2017 年，全国各地方版权行政管理机关共收缴各类盗版品 970.93 万件，其中查缴的盗版书刊 546.82 万册，盗版音像制品 139.35 万盒（张），盗版电子出版物 16.96 万张，盗版软件 36.54 万张，其他各类盗版品 231.26 万件。

（三）版权合同登记

2017 年，全国版权合同登记 20015 份，其中：图书 16526 份，期刊 109 份，音像制品 1860 份，电子出版物 424 份，软件 869 份，其他 227 份。

（四）作品自愿登记

2017 年，全国作品自愿登记 2068388 份，其中：文字作品 487238 份，口述作品 184 份，音乐作品 11683 份，曲艺 179 份，舞蹈 270 份，杂技 28 份，美术作品 668930 份，摄影作品 778647 份，建筑 351 份，影视 45938 份，设计图 7806 份，地图 472 份，模型 343 份，其他 66319 份。

二、版权贸易

（一）版权引进

1. 总体情况

2017 年，全国共引进版权 18120 项，其中图书 17154 项，录音制品 147 项，录像制品 364 项，电子出版物 372 项。

版权引进地情况如下：

美国 6645 项，英国 2991 项，德国 951 项，法国 1164 项，俄罗斯 93 项，加拿大 170 项，新加坡 259 项，日本 2232 项，韩国 183 项，中国香港地区 165 项，中国澳门地区 0 项，中国台湾地区 946 项，其他地区 2321 项。

2. 出版物版权引进情况

2017 年，全国共引进图书、音像制品和电子出版物版权 18037 项。其中，图书版权引进地情况

如下：

美国6217项，英国2835项，德国933项，法国1133项，俄罗斯90项，加拿大156项，新加坡249项，日本2101项，韩国168项，中国香港地区139项，中国澳门地区0项，中国台湾地区917项，其他地区2216项。

（二）版权输出

1. 总体情况

2017年，全国共输出版权13816项，其中：图书10670项，录音制品322项，录像制品102项，电子出版物1557项。

版权输出地情况如下：

美国1213项，英国496项，德国498项，法国222项，俄罗斯309项，加拿大273项，新加坡363项，日本330项，韩国540项，中国香港地区1177项，中国澳门地区141项，中国台湾地区2035项，其他地区6219项。

2. 出版物版权输出情况

2017年，全国共输出图书、音像制品和电子出版物版权12651项。其中，图书版权输出地情况如下：

美国592项，英国421项，德国421项，法国172项，俄罗斯306项，加拿大222项，新加坡254项，日本327项，韩国490项，中国香港地区339项，中国澳门地区87项，中国台湾地区1909项，其他地区5130项。

（说明：统计数据未包含中国香港地区、中国澳门地区、中国台湾地区有关统计数据。）

一、图书出版

全国各类图书出版数量及与上年相比增减百分比

（一）种　数

	本版图书种数（种）			与上年相比增减（%）			租型图书种数（种）	与上年相比增减（%）
	合计	新版	重印	合计	新版	重印		
图书总计	**512487**	**255106**	**257381**	**2.52**	**-2.79**	**8.39**	**11150**	**-4.12**
（一）使用《中国标准书号》部分合计	512207	254949	257258	2.56	-2.77	8.44	11150	-4.12
A 马克思主义、列宁主义、毛泽东思想	777	506	271	4.58	4.76	4.23		-100.00
B 哲学	9984	6277	3707	1.92	0.90	3.69		-100.00
C 社会科学总论	5445	3025	2420	-4.96	-12.01	5.63	1	
D 政治、法律	18256	13002	5254	-3.99	-8.47	9.23	77	67.39
E 军事	1410	981	429	-8.91	-11.78	-1.61		
F 经济	34840	20598	14242	1.80	1.21	2.66		-100.00
G 文化、科学、教育、体育	210137	81082	129055	3.75	-2.25	7.92	11055	-3.80
H 语言、文字	21790	8719	13071	-1.05	-12.26	8.17		-100.00
I 文学	56790	36585	20205	4.20	-2.03	17.75	9	-18.18
J 艺术	27294	17533	9761	-0.74	-5.48	9.10	1	-97.87
K 历史、地理	18720	12992	5728	0.21	-3.33	9.29		-100.00
N 自然科学总论	793	431	362	-0.50	7.48	-8.59		-100.00
O 数理科学、化学	9482	2955	6527	7.18	-1.43	11.59	1	
P 天文学、地球科学	2968	2010	958	7.69	12.35	-0.93		
Q 生物科学	3486	1927	1559	2.23	0.94	3.86		
R 医药、卫生	22633	13486	9147	5.12	-0.81	15.29	6	50.00
S 农业科学	5517	3381	2136	7.31	10.27	2.94		-100.00
T 工业技术	48783	21472	27311	1.43	-5.44	7.59		
U 交通运输	6035	2930	3105	6.85	10.90	3.29		
V 航空、航天	613	381	232	13.73	7.63	25.41		
X 环境科学	2525	1584	941	12.37	-0.56	43.88		
Z 综合性图书	3929	3092	837	-5.07	-0.99	-17.62		-100.00
（二）不使用《中国标准书号》部分合计	280	157	123	-37.08	-23.41	-48.75		
1. 图片	280	157	123	-37.08	-23.41	-48.75		
2. 国标(GB)、部标(BB)等标准类文件印品								
3. 活页文选、活页歌篇、小件印品等								

全国各类图书出版数量及与上年相比增减百分比（续表1）

（二）总印数

	本年图书总印数（万册、张）				与上年相比增减（%）	
	合计	新版	重印	租型	合计	租型
图书总计	**924399**	**227398**	**538743**	**158258**	**2.29**	**4.81**
（一）使用《中国标准书号》部分合计	922490	226213	538019	158258	2.29	4.81
A 马克思主义、列宁主义、毛泽东思想	1127	160	967		-27.52	-100.00
B 哲学	6765	3286	3479		2.89	-100.00
C 社会科学总论	2668	1122	1544	2	0.68	
D 政治、法律	24765	15085	4029	5651	-15.47	1128.48
E 军事	848	491	357		-1.17	
F 经济	15267	8267	7000		-4.02	
G 文化、科学、教育、体育	696426	122032	421794	152600	1.99	1.54
H 语言、文字	25745	7342	18403		20.06	-100.00
I 文学	73772	32441	41328	3	14.52	-85.71
J 艺术	19941	10178	9763		3.64	-100.00
K 历史、地理	12486	6664	5822		-4.56	-100.00
N 自然科学总论	551	287	264		6.37	-100.00
O 数理科学、化学	4157	1256	2901		1.00	
P 天文学、地球科学	1276	768	508		4.33	
Q 生物科学	1922	954	968		-5.92	
R 医药、卫生	10356	5124	5230	2	-6.21	100.00
S 农业科学	1922	947	975		8.16	-100.00
T 工业技术	15996	6869	9127		-3.07	
U 交通运输	2522	979	1543		-6.45	
V 航空、航天	191	104	87		24.03	
X 环境科学	1019	638	381		20.45	
Z 综合性图书	2768	1219	1549		-9.22	-100.00
（二）不使用《中国标准书号》部分合计	1909	1185	724		2.41	
1. 图片	251	200	51		-39.23	
2. 国标(GB)、部标(BB)等标准类文件印品	1214	711	503		19.14	
3. 活页文选、活页歌篇、小件印品等	444	274	170		2.78	

全国各类图书出版数量及与上年相比增减百分比（续表2）

（三）总印张

	本年图书总印张（千印张）				与上年相比增减（%）	
	合计	新版	重印	租型	合计	租型
图书总计	**80803506**	**23004921**	**46425951**	**11372634**	**3.97**	**2.78**
（一）使用《中国标准书号》部分合计	80720486	22960031	46387821	11372634	3.96	2.78
A 马克思主义、列宁主义、毛泽东思想	186518	27536	158982		-23.98	-100.00
B 哲学	933005	452925	480080		0.86	-100.00
C 社会科学总论	416760	172673	243843	244	-3.15	
D 政治、法律	2718674	1988146	537058	193470	-9.40	286.65
E 军事	107736	63928	43808		-10.74	
F 经济	2536135	1346738	1189397		0.21	-100.00
G 文化、科学、教育、体育	52381798	9883931	31319677	11178190	3.05	1.65
H 语言、文字	3383340	846367	2536973		11.69	-100.00
I 文学	7859236	3348804	4510146	286	21.08	-81.71
J 艺术	1647613	848114	799334	165	7.82	-81.14
K 历史、地理	1822403	1038286	784117		8.00	-100.00
N 自然科学总论	60030	25229	34801		-10.20	-100.00
O 数理科学、化学	658564	192567	465945	52	2.55	26.83
P 天文学、地球科学	159227	98453	60774		11.46	
Q 生物科学	224142	91348	132794		1.91	
R 医药、卫生	1805428	902918	902283	227	-3.64	124.75
S 农业科学	205639	102095	103544		4.81	-100.00
T 工业技术	2811672	1159364	1652308		-0.64	
U 交通运输	336775	125000	211775		-4.86	
V 航空、航天	24644	14224	10420		8.26	
X 环境科学	98346	56332	42014		12.71	
Z 综合性图书	342801	175053	167748		-12.69	-100.00
（二）不使用《中国标准书号》部分合计	83020	44890	38130		11.53	
1. 图片	6415	5006	1409		-38.95	
2. 国标(GB)、部标(BB)等标准类文件印品	55817	28608	27209		18.71	
3. 活页文选、活页歌篇、小件印品等	20788	11276	9512		22.94	

全国各类图书出版数量及与上年相比增减百分比（续表3）

（四）图书总定价

	图书总定价（万元）				
	合计	增减（%）	新版	重印	租型
图书总计	**17312528**	**9.51**	**6903943**	**9185521**	**1223064**
（一）使用《中国标准书号》部分合计	17266901	9.47	6876903	9166934	1223064
A 马克思主义、列宁主义、毛泽东思想	36189	-17.62	9675	26514	
B 哲学	284817	5.48	157504	127313	
C 社会科学总论	115689	-0.03	58203	57409	77
D 政治、法律	672750	-2.44	510382	121801	40567
E 军事	30741	-5.98	19653	11088	
F 经济	696269	4.38	424455	271814	
G 文化、科学、教育、体育	9106387	9.33	2351103	5573027	1182257
H 语言、文字	833166	20.50	258999	574167	
I 文学	2085704	24.89	1053428	1032216	60
J 艺术	746790	6.70	503061	243698	31
K 历史、地理	669158	8.13	455687	213471	
N 自然科学总论	25445	24.87	15002	10443	
O 数理科学、化学	148928	8.94	51978	96941	9
P 天文学、地球科学	64607	11.98	45020	19587	
Q 生物科学	80393	12.38	45466	34927	
R 医药、卫生	518358	-1.63	299132	219163	63
S 农业科学	69146	14.78	43551	25595	
T 工业技术	787359	4.14	408864	378495	
U 交通运输	102706	2.91	45760	56946	
V 航空、航天	10420	17.70	6941	3479	
X 环境科学	34311	14.39	23576	10735	
Z 综合性图书	147568	-16.24	89463	58105	
（二）不使用《中国标准书号》部分合计	45627	24.00	27040	18587	
1. 图片	5089	-20.63	4303	786	
2. 国标(GB)、部标(BB)等标准类文件印品	32925	20.84	18996	13929	
3. 活页文选、活页歌篇、小件印品等	7613	142.53	3741	3872	

中央出版单位各类图书出版数量及与上年相比增减百分比

（一）种　数

	本版图书种数（种）			与上年相比增减（%）			租型图书种数（种）	与上年相比增减（%）
	合计	新版	重印	合计	新版	重印		
图书总计	**203354**	**102810**	**100544**	**1.83**	**-3.83**	**8.34**	**188**	**1005.88**
（一）使用《中国标准书号》部分合计	203230	102734	100496	1.88	-3.78	8.41	188	1005.88
A 马克思主义、列宁主义、毛泽东思想	483	305	178	15.27	15.97	14.10		
B 哲学	5535	3377	2158	-0.25	1.29	-2.57		
C 社会科学总论	3273	1674	1599	-2.36	-10.39	7.75		
D 政治、法律	13404	9352	4052	-4.73	-9.10	7.14		
E 军事	847	640	207	-16.30	-11.11	-29.11		
F 经济	24361	13773	10588	2.93	2.47	3.53		
G 文化、科学、教育、体育	37828	15644	22184	4.40	-5.47	12.69	188	1005.88
H 语言、文字	11792	4228	7564	-2.19	-13.36	5.41		
I 文学	15597	10876	4721	4.85	-0.62	20.07		
J 艺术	8839	5401	3438	1.88	-4.53	13.88		
K 历史、地理	8471	5334	3137	-3.45	-6.63	2.48		
N 自然科学总论	367	198	169	-1.34	3.66	-6.63		
O 数理科学、化学	6560	1749	4811	7.21	-2.13	11.06		
P 天文学、地球科学	1891	1320	571	10.65	13.89	3.82		
Q 生物科学	1883	871	1012	0.37	-4.81	5.31		
R 医药、卫生	13926	7364	6562	3.85	-2.94	12.69		
S 农业科学	3577	2000	1577	12.41	16.21	7.94		
T 工业技术	36773	14355	22418	0.24	-8.58	6.84		
U 交通运输	4461	1993	2468	6.29	13.24	1.27		
V 航空、航天	404	249	155	5.48	-3.86	25.00		
X 环境科学	1686	1032	654	12.47	3.93	29.25		
Z 综合性图书	1272	999	273	-5.99	-4.22	-11.94		
（二）不使用《中国标准书号》部分合计	124	76	48	-46.09	-40.16	-53.40		
1. 图片	124	76	48	-46.09	-40.16	-53.40		
2. 国标(GB)、部标(BB)等标准类文件印品								
3. 活页文选、活页歌篇、小件印品等								

中央出版单位各类图书出版数量及与上年相比增减百分比（续表1）

（二）总印数

	本年图书总印数（万册、张）				与上年相比增减（%）	
	合计	新版	重印	租型	合计	租型
图书总计	**239988**	**78526**	**160970**	**492**	**-0.51**	**148.48**
（一）使用《中国标准书号》部分合计	238288	77401	160395	492	-0.60	148.48
A 马克思主义、列宁主义、毛泽东思想	976	101	875		-18.33	
B 哲学	3889	1727	2162		-5.81	
C 社会科学总论	1714	638	1076		2.76	
D 政治、法律	16235	13322	2913		-36.28	
E 军事	436	346	90		0.93	
F 经济	11771	6287	5484		-3.76	
G 文化、科学、教育、体育	130262	24769	105001	492	3.64	148.48
H 语言、文字	15534	3594	11940		20.94	
I 文学	16678	8269	8409		21.93	
J 艺术	6410	3459	2951		9.69	
K 历史、地理	6314	3067	3247		-19.79	
N 自然科学总论	272	180	92		27.10	
O 数理科学、化学	2662	816	1846		3.14	
P 天文学、地球科学	637	417	220		16.88	
Q 生物科学	765	365	400		-13.95	
R 医药、卫生	6901	3188	3713		-4.09	
S 农业科学	1096	571	525		9.71	
T 工业技术	12152	4815	7337		-2.28	
U 交通运输	1906	591	1315		-10.26	
V 航空、航天	93	59	34		4.49	
X 环境科学	491	303	188		6.74	
Z 综合性图书	1094	517	577		-4.70	
（二）不使用《中国标准书号》部分合计	1700	1125	575		14.94	
1. 图片	209	190	19		-32.36	
2. 国标(GB)、部标(BB)等标准类文件印品	1204	704	500		19.21	
3. 活页文选、活页歌篇、小件印品等	287	231	56		79.38	

中央出版单位各类图书出版数量及与上年相比增减百分比（续表2）

（三）总印张

	本年图书总印张（千印张）				与上年相比增减（%）	
	合计	新版	重印	租型	合计	租型
图书总计	**27085025**	**9803996**	**17243301**	**37728**	**3.02**	**155.52**
（一）使用《中国标准书号》部分合计	27015947	9763519	17214700	37728	2.99	155.52
A 马克思主义、列宁主义、毛泽东思想	162299	16197	146102		-20.75	
B 哲学	556239	244900	311339		-6.07	
C 社会科学总论	272462	99538	172924		-3.29	
D 政治、法律	2170054	1753472	416582		-16.25	
E 军事	58615	43304	15311		-16.65	
F 经济	1962514	1033165	929349		1.12	
G 文化、科学、教育、体育	10910410	2324028	8548654	37728	5.24	155.52
H 语言、文字	2211379	465091	1746288		12.91	
I 文学	2198728	917512	1281216		29.61	
J 艺术	576323	299636	276687		5.59	
K 历史、地理	1013868	563833	450035		3.61	
N 自然科学总论	29652	13521	16131		-13.24	
O 数理科学、化学	480787	131147	349640		2.78	
P 天文学、地球科学	101664	69082	32582		27.83	
Q 生物科学	127861	46332	81529		4.34	
R 医药、卫生	1343117	626616	716501		-3.40	
S 农业科学	130370	64906	65464		3.18	
T 工业技术	2239681	855010	1384671		-1.01	
U 交通运输	266370	83874	182496		-5.42	
V 航空、航天	14377	8493	5884		-1.27	
X 环境科学	60939	35752	25187		11.07	
Z 综合性图书	128238	68110	60128		-24.75	
（二）不使用《中国标准书号》部分合计	69078	40477	28601		19.97	
1. 图片	4853	4377	476		-17.37	
2. 国标(GB)、部标(BB)等标准类文件印品	55368	28326	27042		18.61	
3. 活页文选、活页歌篇、小件印品等	8857	7774	1083		76.22	

中央出版单位各类图书出版数量及与上年相比增减百分比（续表3）

（四）图书总定价

	图书总定价（万元）				
	合计	增减（%）	新版	重印	租型
图书总计	**6346050**	**6.38**	**3000934**	**3336204**	**8912**
（一）使用《中国标准书号》部分合计	6306398	6.27	2975867	3321619	8912
A 马克思主义、列宁主义、毛泽东思想	30559	-11.32	6559	24000	
B 哲学	168414	-6.30	87030	81384	
C 社会科学总论	75207	-0.35	35294	39913	
D 政治、法律	538176	-7.95	439992	98184	
E 军事	19471	-7.94	14367	5104	
F 经济	535700	4.87	320614	215086	
G 文化、科学、教育、体育	1842542	11.24	521910	1311720	8912
H 语言、文字	535084	17.48	143476	391608	
I 文学	563345	31.07	309683	253662	
J 艺术	254570	-1.70	162664	91906	
K 历史、地理	357993	3.22	227754	130239	
N 自然科学总论	13262	22.37	8771	4491	
O 数理科学、化学	103540	10.55	34595	68945	
P 天文学、地球科学	42336	24.48	30717	11619	
Q 生物科学	43873	13.35	23265	20608	
R 医药、卫生	368121	-2.88	204513	163608	
S 农业科学	44966	17.61	28336	16630	
T 工业技术	605644	3.00	293429	312215	
U 交通运输	80225	0.21	31196	49029	
V 航空、航天	5609	-9.43	3924	1685	
X 环境科学	20823	6.42	14489	6334	
Z 综合性图书	56938	-38.21	33289	23649	
（二）不使用《中国标准书号》部分合计	39652	25.92	25067	14585	
1. 图片	4113	30.57	3789	324	
2. 国标(GB)、部标(BB)等标准类文件印品	32565	20.89	18780	13785	
3. 活页文选、活页歌篇、小件印品等	2974	112.28	2498	476	

地方出版单位各类图书出版数量及与上年相比增减百分比

（一）种　数

	本版图书种数（种）			与上年相比增减（%）			租型图书种数（种）	与上年相比增减（%）
	合计	新版	重印	合计	新版	重印		
图书总计	**309133**	**152296**	**156837**	**2.98**	**-2.07**	**8.41**	**10962**	**-5.60**
（一）使用《中国标准书号》部分合计	308977	152215	156762	3.00	-2.07	8.46	10962	-5.60
A 马克思主义、列宁主义、毛泽东思想	294	201	93	-9.26	-8.64	-10.58		-100.00
B 哲学	4449	2900	1549	4.76	0.45	13.90		-100.00
C 社会科学总论	2172	1351	821	-8.62	-13.95	1.73	1	
D 政治、法律	4852	3650	1202	-1.88	-6.82	16.93	77	67.39
E 军事	563	341	222	5.04	-13.01	54.17		
F 经济	10479	6825	3654	-0.74	-1.24	0.22		-100.00
G 文化、科学、教育、体育	172309	65438	106871	3.61	-1.45	6.98	10867	-5.30
H 语言、文字	9998	4491	5507	0.33	-11.19	12.20		-100.00
I 文学	41193	25709	15484	3.95	-2.61	17.06	9	-18.18
J 艺术	18455	12132	6323	-1.94	-5.90	6.66	1	-97.87
K 历史、地理	10249	7658	2591	3.46	-0.88	18.85		-100.00
N 自然科学总论	426	233	193	0.24	10.95	-10.23		-100.00
O 数理科学、化学	2922	1206	1716	7.11	-0.41	13.12	1	
P 天文学、地球科学	1077	690	387	2.87	9.52	-7.19		
Q 生物科学	1603	1056	547	4.50	6.24	1.30		
R 医药、卫生	8707	6122	2585	7.23	1.88	22.45	6	50.00
S 农业科学	1940	1381	559	-0.97	2.68	-8.96		-100.00
T 工业技术	12010	7117	4893	5.28	1.58	11.15		
U 交通运输	1574	937	637	8.48	6.24	11.95		
V 航空、航天	209	132	77	33.97	38.95	26.23		
X 环境科学	839	552	287	12.17	-8.00	93.92		
Z 综合性图书	2657	2093	564	-4.63	0.63	-20.11		-100.00
（二）不使用《中国标准书号》部分合计	156	81	75	-27.44	3.85	-45.26		
1. 图片	156	81	75	-27.44	3.85	-45.26		
2. 国标(GB)、部标(BB)等标准类文件印品								
3. 活页文选、活页歌篇、小件印品等								

地方出版单位各类图书出版数量及与上年相比增减百分比（续表1）

（二）总印数

	本年图书总印数（万册、张）				与上年相比增减（%）	
	合计	新版	重印	租型	合计	租型
图书总计	**684411**	**148872**	**377773**	**157766**	**3.31**	**4.62**
（一）使用《中国标准书号》部分合计	684202	148812	377624	157766	3.34	4.62
A 马克思主义、列宁主义、毛泽东思想	151	59	92		-58.06	-100.00
B 哲学	2876	1559	1317		17.58	-100.00
C 社会科学总论	954	484	468	2	-2.85	
D 政治、法律	8530	1763	1116	5651	123.47	1128.48
E 军事	412	145	267		-3.29	
F 经济	3496	1980	1516		-4.90	
G 文化、科学、教育、体育	566164	97263	316793	152108	1.62	1.35
H 语言、文字	10211	3748	6463		18.73	-100.00
I 文学	57094	24172	32919	3	12.52	-85.71
J 艺术	13531	6719	6812		1.01	-100.00
K 历史、地理	6172	3597	2575		18.46	-100.00
N 自然科学总论	279	107	172		-8.22	-100.00
O 数理科学、化学	1495	440	1055		-2.61	
P 天文学、地球科学	639	351	288		-5.75	
Q 生物科学	1157	589	568		0.26	
R 医药、卫生	3455	1936	1517	2	-10.19	100.00
S 农业科学	826	376	450		6.17	-100.00
T 工业技术	3844	2054	1790		-5.51	
U 交通运输	616	388	228		7.69	
V 航空、航天	98	45	53		50.77	
X 环境科学	528	335	193		36.79	
Z 综合性图书	1674	702	972		-11.94	-100.00
（二）不使用《中国标准书号》部分合计	209	60	149		-45.71	
1. 图片	42	10	32		-59.62	
2. 国标(GB)、部标(BB)等标准类文件印品	10	7	3		11.11	
3. 活页文选、活页歌篇、小件印品等	157	43	114		-42.28	

地方出版单位各类图书出版数量及与上年相比增减百分比（续表2）

（三）总印张

	本年图书总印张（千印张）				与上年相比增减（%）	
	合计	新版	重印	租型	合计	租型
图书总计	**53718481**	**13200925**	**29182650**	**11334906**	**4.45**	**2.57**
（一）使用《中国标准书号》部分合计	53704539	13196512	29173121	11334906	4.46	2.57
A 马克思主义、列宁主义、毛泽东思想	24219	11339	12880		-40.29	-100.00
B 哲学	376766	208025	168741		13.20	-100.00
C 社会科学总论	144298	73135	70919	244	-2.87	
D 政治、法律	548620	234674	120476	193470	33.93	286.65
E 军事	49121	20624	28497		-2.48	
F 经济	573621	313573	260048		-2.78	-100.00
G 文化、科学、教育、体育	41471388	7559903	22771023	11140462	2.49	1.45
H 语言、文字	1171961	381276	790685		9.45	-100.00
I 文学	5660508	2431292	3228930	286	18.06	-81.71
J 艺术	1071290	548478	522647	165	9.06	-81.14
K 历史、地理	808535	474453	334082		14.06	-100.00
N 自然科学总论	30378	11708	18670		-7.01	-100.00
O 数理科学、化学	177777	61420	116305	52	1.92	26.83
P 天文学、地球科学	57563	29371	28192		-9.10	
Q 生物科学	96281	45016	51265		-1.15	
R 医药、卫生	462311	276302	185782	227	-4.31	124.75
S 农业科学	75269	37189	38080		7.76	-100.00
T 工业技术	571991	304354	267637		0.84	
U 交通运输	70405	41126	29279		-2.65	
V 航空、航天	10267	5731	4536		25.18	
X 环境科学	37407	20580	16827		15.50	
Z 综合性图书	214563	106943	107620		-3.44	-100.00
（二）不使用《中国标准书号》部分合计	13942	4413	9529		-17.29	
1. 图片	1562	629	933		-66.30	
2. 国标(GB)、部标(BB)等标准类文件印品	449	282	167		32.45	
3. 活页文选、活页歌篇、小件印品等	11931	3502	8429		0.40	

地方出版单位各类图书出版数量及与上年相比增减百分比（续表3）

（四）图书总定价

	图书总定价（万元）				
	合计	增减（%）	新版	重印	租型
图书总计	**10966478**	**11.40**	**3903009**	**5849317**	**1214152**
（一）使用《中国标准书号》部分合计	10960503	11.40	3901036	5845315	1214152
A 马克思主义、列宁主义、毛泽东思想	5630	-40.55	3116	2514	
B 哲学	116403	28.95	70474	45929	
C 社会科学总论	40482	0.56	22909	17496	77
D 政治、法律	134574	28.28	70390	23617	40567
E 军事	11270	-2.40	5286	5984	
F 经济	160569	2.80	103841	56728	
G 文化、科学、教育、体育	7263845	8.86	1829193	4261307	1173345
H 语言、文字	298082	26.32	115523	182559	
I 文学	1522359	22.74	743745	778554	60
J 艺术	492220	11.63	340397	151792	31
K 历史、地理	311165	14.40	227933	83232	
N 自然科学总论	12183	27.70	6231	5952	
O 数理科学、化学	45388	5.45	17383	27996	9
P 天文学、地球科学	22271	-5.98	14303	7968	
Q 生物科学	36520	11.24	22201	14319	
R 医药、卫生	150237	1.56	94619	55555	63
S 农业科学	24180	9.85	15215	8965	
T 工业技术	181715	8.15	115435	66280	
U 交通运输	22481	13.83	14564	7917	
V 航空、航天	4811	80.86	3017	1794	
X 环境科学	13488	29.36	9087	4401	
Z 综合性图书	90630	7.85	56174	34456	
（二）不使用《中国标准书号》部分合计	5975	12.57	1973	4002	
1. 图片	976	-70.08	514	462	
2. 国标(GB)、部标(BB)等标准类文件印品	360	16.88	216	144	
3. 活页文选、活页歌篇、小件印品等	4639	166.92	1243	3396	

全国出版图书用纸量

	图书总计		书籍		课本		图片		附录	
	印张数（千印张）	合吨数（吨）	印张数（千印张）	合吨数（吨）	印张数（千印张）	合吨数（吨）	印张数（千印张）	合吨数（吨）	印张数（千印张）	合吨数（吨）
全国	80803506	1898974	54902369	1290206	25818117	606726	6415	242	76605	1800
中央	27085025	636567	18060122	424413	8955825	210462	4853	183	64225	1509
地方	53718481	1262407	36842247	865793	16862292	396264	1562	59	12380	291

注：从1982年开始，书籍、课本、附录按每千印张0.0235吨计算，图片按每千印张0.0378吨计算。

全国出版图书用纸量与上年相比增减百分比

	图书总计		书籍		课本		图片		附录	
	印张数	吨数	印张数	吨数	印张数	吨数	印张数	吨数	印张数	吨数
全国	3.97	3.96	6.82	6.82	-1.65	-1.65	-38.95	-38.95	19.83	19.83
中央	3.02	3.02	7.49	7.49	-5.04	-5.04	-17.37	-17.37	24.21	24.21
地方	4.45	4.44	6.50	6.50	0.25	0.25	-66.30	-66.30	1.29	1.29

使用《中国标准书号》图书出版数量中各类图书所占百分比

	种数		租型种数	总印数		总印张		定价总金额	
	合计	新版		合计	租型	合计	租型	合计	租型
使用《中国标准书号》部分合计	**100.00**	**100.00**	**100.00**	**100.00**	**100.00**	**100.00**	**100.00**	**100.00**	**100.00**
A 马克思主义、列宁主义、毛泽东思想	0.15	0.20		0.12		0.23		0.21	
B 哲学	1.95	2.46		0.73		1.16		1.65	
C 社会科学总论	1.06	1.19	0.01	0.29		0.52		0.67	0.01
D 政治、法律	3.56	5.10	0.69	2.68	3.57	3.37	1.70	3.90	3.32
E 军事	0.28	0.38		0.09		0.13		0.18	
F 经济	6.80	8.08		1.65		3.14		4.03	
G 文化、科学、教育、体育	41.03	31.80	99.15	75.49	96.42	64.89	98.29	52.74	96.66
H 语言、文字	4.25	3.42		2.79		4.19		4.83	
I 文学	11.09	14.35	0.08	8.00		9.74		12.08	
J 艺术	5.33	6.88	0.01	2.16		2.04		4.32	
K 历史、地理	3.65	5.10		1.35		2.26		3.88	
N 自然科学总论	0.15	0.17		0.06		0.07		0.15	
O 数理科学、化学	1.85	1.16	0.01	0.45		0.82		0.86	
P 天文学、地球科学	0.58	0.79		0.14		0.20		0.37	
Q 生物科学	0.68	0.76		0.21		0.28		0.47	
R 医药、卫生	4.42	5.29	0.05	1.12		2.24		3.00	0.01
S 农业科学	1.08	1.33		0.21		0.25		0.40	
T 工业技术	9.52	8.42		1.73		3.48		4.56	
U 交通运输	1.18	1.15		0.27		0.42		0.59	
V 航空、航天	0.12	0.15		0.02		0.03		0.06	
X 环境科学	0.49	0.62		0.11		0.12		0.20	
Z 综合性图书	0.77	1.21		0.30		0.42		0.85	

全国各地区图书出版总量

	图书总计											
	种数（种）		租型种数（种）	总印数（万册、张）			总印张（千印张）			定价总金额（万元）		
	合计	新版		合计	新版	租型	合计	新版	租型	合计	新版	租型
全国总计	**512487**	**255106**	**11150**	**924399**	**227398**	**158258**	**80803506**	**23004921**	**11372634**	**17312528**	**6903943**	**1223064**
中　　央	**203354**	**102810**	**188**	**239988**	**78526**	**492**	**27085025**	**9803996**	**37728**	**6346050**	**3000934**	**8912**
地　　方	**309133**	**152296**	**10962**	**684411**	**148872**	**157766**	**53718481**	**13200925**	**11334906**	**10966478**	**3903009**	**1214152**
北　　京	14411	6875		27407	7309		2345519	671330		611547	232849	
天　　津	7803	5035	205	8081	2776	1181	698380	275215	81040	210858	104711	8909
河　　北	9857	2924	375	29436	5215	7277	2210994	390111	547620	424793	97994	55465
山　　西	3517	2192	260	10899	3330	3922	1041129	478708	286433	164770	80379	32301
内 蒙 古	3411	1554	362	6018	688	3216	474596	57441	268174	66941	19769	27647
辽　　宁	10940	4796	351	17449	3626	3036	1468111	346458	228188	301052	99694	23885
吉　　林	28397	15299	621	27652	8603	3820	2402606	791551	313613	568713	218178	32981
黑 龙 江	7549	5577	562	8837	2550	3723	755820	233402	289882	137922	58671	32451
上　　海	27772	13262	6	42315	12425	317	3752941	1132126	13539	1020094	418026	2449
江　　苏	28864	12610	424	63660	15095	8627	4574636	1171984	549352	935732	352563	60247
浙　　江	14462	7135	453	39919	10608	8688	2921821	834909	590182	646018	262013	65554
安　　徽	9745	4864	449	30704	6992	7533	2352866	524374	577565	428737	142585	64076
福　　建	4289	2545	204	10809	2263	3709	856126	219954	262909	163964	69534	27048
江　　西	7982	4546	234	22657	5180	6351	1484655	377109	509444	306215	116357	48314
山　　东	17109	6334	709	55543	8801	14619	3649265	655424	787406	647029	176938	98446
河　　南	9497	5283	279	27498	4771	11111	2143038	392922	863695	326836	108388	83657
湖　　北	13590	7404	408	22973	6044	6559	1883288	556250	489982	390504	169206	54645
湖　　南	12219	4844	442	45901	8259	10504	3848415	837429	710075	759020	232928	83565
广　　东	9868	5031	173	30202	4233	7485	2316856	394893	581315	377103	117640	54947
广　　西	7319	2909	515	29022	3718	7692	2107198	335663	568225	362315	100363	56414
海　　南	4098	1685	224	6071	1015	1347	430645	99669	85162	86210	29247	9635
重　　庆	5320	2208	298	13533	2687	3266	904518	223776	219764	176209	59756	28248
四　　川	13329	8287	450	29197	7207	7092	2241653	587574	526886	452335	195032	57048
贵　　州	1062	769	619	9151	474	7507	686506	67903	554517	89358	17523	57909
云　　南	7972	4438	314	16423	3886	6139	1403448	389648	482256	226234	86818	46837
西　　藏	622	327	286	1483	104	835	103492	11082	58877	15477	3625	7218
陕　　西	11220	5692	471	18748	3334	3853	1670173	356863	272371	387603	111779	29940
甘　　肃	3480	1998	258	7822	1253	3076	568365	116556	236947	97304	31978	21957
青　　海	599	296	222	1054	75	742	87980	10370	56644	11420	3652	5882
宁　　夏	3570	1617	191	5837	1752	817	628680	182249	60783	153350	46053	7181
新　　疆	8814	3655	597	17637	4420	3722	1649748	457589	262060	403454	132311	29296
兵　　团	446	305		473	179		55013	20393		17361	6449	

全国各地区各类图书出版数量

	（一）使用《中国标准书号》部分合计											
	种数（种）		租型种数（种）	总印数（万册、张）			总印张（千印张）			定价总金额（万元）		
	合计	新版		合计	新版	租型	合计	新版	租型	合计	新版	租型
全国总计	**512207**	**254949**	**11150**	**922490**	**226213**	**158258**	**80720486**	**22960031**	**11372634**	**17266901**	**6876903**	**1223064**
中　　央	**203230**	**102734**	**188**	**238288**	**77401**	**492**	**27015947**	**9763519**	**37728**	**6306398**	**2975867**	**8912**
地　　方	**308977**	**152215**	**10962**	**684202**	**148812**	**157766**	**53704539**	**13196512**	**11334906**	**10960503**	**3901036**	**1214152**
北　　京	14410	6874		27407	7308		2345518	671330		611540	232842	
天　　津	7803	5035	205	8081	2776	1181	698380	275215	81040	210858	104711	8909
河　　北	9857	2924	375	29436	5215	7277	2210994	390111	547620	424793	97994	55465
山　　西	3517	2192	260	10899	3330	3922	1041129	478708	286433	164770	80379	32301
内 蒙 古	3411	1554	362	6018	688	3216	474596	57441	268174	66941	19769	27647
辽　　宁	10939	4796	351	17449	3626	3036	1468089	346441	228188	301046	99691	23885
吉　　林	28397	15299	621	27652	8603	3820	2402606	791551	313613	568713	218178	32981
黑 龙 江	7549	5577	562	8837	2550	3723	755820	233402	289882	137922	58671	32451
上　　海	27761	13251	6	42312	12424	317	3752930	1132124	13539	1019981	417937	2449
江　　苏	28790	12600	424	63600	15072	8627	4571878	1170761	549353	934513	352039	60250
浙　　江	14410	7087	453	39830	10595	8688	2913294	833809	590182	642158	261298	65554
安　　徽	9745	4864	449	30704	6992	7533	2352866	524374	577565	428737	142585	64076
福　　建	4289	2545	204	10808	2263	3709	856060	219887	262909	163964	69534	27048
江　　西	7982	4546	234	22657	5180	6351	1484655	377109	509444	306215	116357	48314
山　　东	17108	6333	709	55543	8801	14619	3649248	655408	787406	646997	176905	98445
河　　南	9497	5283	279	27498	4771	11111	2143038	392922	863695	326836	108388	83656
湖　　北	13590	7404	408	22973	6044	6559	1883288	556250	489982	390504	169206	54645
湖　　南	12219	4844	442	45901	8259	10504	3848415	837429	710075	759020	232927	83565
广　　东	9867	5031	173	30197	4233	7485	2316790	394891	581315	377010	117564	54947
广　　西	7318	2909	515	29021	3718	7692	2107153	335663	568225	362302	100363	56414
海　　南	4098	1685	224	6045	1015	1347	430237	99669	85162	86115	29247	9635
重　　庆	5320	2208	298	13533	2687	3266	904518	223776	219764	176209	59756	28248
四　　川	13329	8287	450	29197	7207	7092	2241653	587574	526886	452335	195032	57048
贵　　州	1062	769	619	9151	474	7507	686506	67903	554517	89358	17523	57909
云　　南	7968	4438	314	16422	3886	6139	1403430	389648	482256	226227	86818	46837
西　　藏	622	327	286	1483	104	835	103492	11082	58877	15477	3625	7218
陕　　西	11220	5692	471	18748	3334	3853	1670173	356863	272371	387603	111779	29940
甘　　肃	3470	1988	258	7799	1230	3076	566379	114570	236947	96779	31454	21957
青　　海	599	296	222	1054	75	742	87980	10370	56644	11420	3652	5882
宁　　夏	3570	1617	191	5837	1752	817	628680	182249	60783	153350	46053	7181
新　　疆	8814	3655	597	17637	4420	3722	1649732	457589	262060	403450	132311	29296
兵　　团	446	305		473	179		55013	20393		17361	6449	

全国各地区各类图书出版数量（续表1）

	A 马克思主义、列宁主义、毛泽东思想											
	种数（种）		租型种数（种）	总印数（万册、张）			总印张（千印张）			定价总金额（万元）		
	合计	新版		合计	新版	租型	合计	新版	租型	合计	新版	租型
全国总计	**777**	**506**		**1127**	**160**		**186518**	**27536**		**36189**	**9675**	
中　　央	**483**	**305**		**976**	**101**		**162299**	**16197**		**30559**	**6559**	
地　　方	**294**	**201**		**151**	**59**		**24219**	**11339**		**5630**	**3116**	
北　　京	11	7		2			158	72		85	46	
天　　津	10	7		2	1		351	187		79	47	
河　　北	3	2		9	1		1229	154		334	49	
山　　西	2	1		1			167	7		51	2	
内 蒙 古	1	1		1	1		149	149		15	15	
辽　　宁	20	14		8	4		1449	754		357	200	
吉　　林	22	15		10	4		1400	439		244	107	
黑 龙 江	10	10		3	3		541	541		147	147	
上　　海	23	16		5	3		935	602		286	194	
江　　苏	40	22		17	6		2194	849		489	214	
浙　　江	11	10		4	4		560	447		143	118	
安　　徽	11	8		1	1		271	166		69	47	
福　　建	15	11		5	3		1160	965		363	324	
江　　西	3	3					60	60		14	14	
山　　东	17	7		5	2		728	402		202	88	
河　　南												
湖　　北	5	4		1	1		134	113		31	27	
湖　　南	13	8		2	1		413	152		99	46	
广　　东	16	7		5	2		465	217		124	63	
广　　西	11	9		16	13		3096	2792		954	878	
海　　南												
重　　庆	1	1					42	42		10	10	
四　　川	27	21		9	7		2218	1750		438	350	
贵　　州	1	1					14	14		7	7	
云　　南	5	5					71	71		20	20	
西　　藏												
陕　　西	12	8		44	2		6348	359		1053	93	
甘　　肃	3	2					60	29		15	10	
青　　海												
宁　　夏	1	1					6	6		1	1	
新　　疆												
兵　　团												

全国各地区各类图书出版数量（续表2）

	B 哲学											
	种数（种）		租型种数（种）	总印数（万册、张）			总印张（千印张）			定价总金额（万元）		
	合计	新版		合计	新版	租型	合计	新版	租型	合计	新版	租型
全国总计	**9984**	**6277**		**6765**	**3286**		**933005**	**452925**		**284817**	**157504**	
中　央	**5535**	**3377**		**3889**	**1727**		**556239**	**244900**		**168414**	**87030**	
地　方	**4449**	**2900**		**2876**	**1559**		**376766**	**208025**		**116403**	**70474**	
北　京	373	279		314	233		39210	29917		11437	9073	
天　津	140	115		304	105		32473	10345		9884	3384	
河　北	8	6		2	1		419	370		132	122	
山　西	21	16		7	3		1357	540		460	237	
内蒙古	13	11		2	2		275	255		148	145	
辽　宁	123	86		50	31		7089	4176		1825	1237	
吉　林	282	210		136	104		19819	15842		4949	4070	
黑龙江	139	133		23	22		2775	2645		814	788	
上　海	915	486		469	213		73177	31506		22044	11329	
江　苏	391	221		385	230		47627	26867		14506	9435	
浙　江	161	92		98	37		13448	5325		5376	2569	
安　徽	49	28		16	8		2065	1094		490	300	
福　建	82	58		60	25		7289	3371		2404	1403	
江　西	151	125		116	87		13208	10354		3557	2882	
山　东	135	94		62	37		8202	4172		2267	1162	
河　南	188	116		84	46		11731	8136		5114	4378	
湖　北	185	86		94	35		11961	4019		3289	1455	
湖　南	69	58		39	22		4994	2560		1317	985	
广　东	165	121		94	68		12604	8372		3871	2840	
广　西	180	90		185	45		18870	8214		6225	2389	
海　南	72	33		46	20		7207	2924		1831	892	
重　庆	44	18		16	8		2137	987		681	368	
四　川	172	126		160	104		22353	14721		8377	5177	
贵　州	32	25		5	4		816	724		343	202	
云　南	27	22		6	5		757	629		248	208	
西　藏	38	27		8	5		2215	1852		497	426	
陕　西	201	165		64	47		8037	5436		2474	1844	
甘　肃	29	17		11	4		1591	962		1160	736	
青　海	36	16		12	5		2232	1119		473	290	
宁　夏	19	14		4	3		604	446		147	114	
新　疆	9	6		3	1		225	145		63	33	
兵　团												

全国各地区各类图书出版数量（续表3）

	C社会科学总论											
	种数（种）		租型种数（种）	总印数（万册、张）			总印张（千印张）			定价总金额（万元）		
	合计	新版		合计	新版	租型	合计	新版	租型	合计	新版	租型
全国总计	**5445**	**3025**	**1**	**2668**	**1122**	**2**	**416760**	**172673**	**244**	**115689**	**58203**	**77**
中　　央	**3273**	**1674**		**1714**	**638**		**272462**	**99538**		**75207**	**35294**	
地　　方	**2172**	**1351**	**1**	**954**	**484**	**2**	**144298**	**73135**	**244**	**40482**	**22909**	**77**
北　　京	104	74		90	59		13914	10172		3718	3012	
天　　津	63	41		94	57		12572	7283		3562	2313	
河　　北	22	22		3	3		781	781		313	313	
山　　西	12	11		10	9		1770	1669		520	484	
内 蒙 古	20	14		12	2		1920	415		387	117	
辽　　宁	170	43		50	12		7705	1593		1671	421	
吉　　林	105	95		43	39		6875	6378		1658	1543	
黑 龙 江	47	39		10	6		1851	771		409	217	
上　　海	368	202		153	51		29109	10326		7036	2809	
江　　苏	182	90		92	40		11932	5072		4005	1845	
浙　　江	191	94		116	32		15350	4781		5110	1749	
安　　徽	28	18		8	3		1750	494		566	159	
福　　建	32	25		8	7		1279	1012		345	288	
江　　西	26	22		12	12		1429	1378		420	410	
山　　东	122	96		30	21		3674	2682		1339	1093	
河　　南	20	12		3	1		534	247		195	134	
湖　　北	121	80	1	32	16	2	5644	2635	244	1331	732	77
湖　　南	32	22		6	4		907	541		227	150	
广　　东	102	66		36	28		6261	4893		1978	1691	
广　　西	35	19		37	10		4622	1262		1459	545	
海　　南	19	9		9	2		1528	305		378	75	
重　　庆	66	24		16	8		2557	1136		756	409	
四　　川	113	83		37	30		3817	2647		1263	1015	
贵　　州	6	5		1	1		240	105		55	29	
云　　南	55	54		11	6		1729	1344		582	451	
西　　藏	2	2					43	43		8	8	
陕　　西	67	53		21	14		3119	2016		796	554	
甘　　肃	27	24		11	10		1136	1022		334	306	
青　　海	2	2					37	37		9	9	
宁　　夏	4	3					76	25		12	8	
新　　疆	8	6		2	1		129	62		37	16	
兵　　团	1	1					9	9		3	3	

全国各地区各类图书出版数量（续表4）

	D 政治、法律											
	种数（种）		租型种数（种）	总印数（万册、张）			总印张（千印张）			定价总金额（万元）		
	合计	新版		合计	新版	租型	合计	新版	租型	合计	新版	租型
全国总计	**18256**	**13002**	**77**	**24765**	**15085**	**5651**	**2718674**	**1988146**	**193470**	**672750**	**510382**	**40567**
中　　央	**13404**	**9352**		**16235**	**13322**		**2170054**	**1753472**		**538176**	**439992**	
地　　方	**4852**	**3650**	**77**	**8530**	**1763**	**5651**	**548620**	**234674**	**193470**	**134574**	**70390**	**40567**
北　　京	132	94		181	155		26092	22652		7783	7157	
天　　津	135	102	4	126	28	70	9424	4209	2081	2855	1415	434
河　　北	36	35	4	355	12	344	14266	1802	12418	2974	539	2430
山　　西	43	37	4	300	7	284	15566	1528	12998	3112	521	2379
内 蒙 古	67	61		13	10		1793	1571		688	654	
辽　　宁	219	150		74	48		11902	7669		2984	2175	
吉　　林	276	188	1	48	23		6233	3869	49	1886	1158	8
黑 龙 江	95	84		21	13		3061	1900		795	549	
上　　海	792	602	4	610	217	278	69729	36871	11071	18239	11700	2093
江　　苏	374	259	3	1256	108	1101	42167	13998	21801	12589	5010	5932
浙　　江	175	117	4	749	124	604	35555	14039	18653	8201	3331	4160
安　　徽	96	62		69	15		5583	2129		1368	616	
福　　建	167	141	4	311	40	254	18629	5241	10630	4502	1857	1964
江　　西	100	89		80	64		10829	8563		2325	1927	
山　　东	111	90	4	1061	40	1013	36635	4536	31442	8533	1531	6792
河　　南	138	114	4	461	33	410	24679	4930	16953	6044	2290	3194
湖　　北	312	206	8	393	49	262	23399	7748	9510	5534	2199	2312
湖　　南	175	138		157	150		13080	12071		3816	3596	
广　　东	234	146		331	47		32447	8702		6550	2514	
广　　西	122	78	4	387	253	90	29687	20332	4221	6246	4389	770
海　　南	39	36		12	10		1924	1702		506	436	
重　　庆	26	15	7	254	3	249	10300	444	9509	2415	126	2219
四　　川	326	267		202	152		32468	24531		8189	6559	
贵　　州	39	36		11	10		1618	1512		516	398	
云　　南	189	178	4	332	46	282	22289	6953	14808	5508	2749	2636
西　　藏	19	13	6	31	2	27	2165	400	1512	437	96	290
陕　　西	194	135	5	473	54	226	30844	6186	9613	6275	2703	1770
甘　　肃	42	36		20	17		4030	3657		890	806	
青　　海	25	22		7	4		1230	1074		294	260	
宁　　夏	33	18		9	3		921	674		263	175	
新　　疆	114	94	7	195	24	158	9951	3059	6200	2201	899	1184
兵　　团	7	7		1	1		123	123		56	56	

全国各地区各类图书出版数量（续表5）

	E 军事											
	种数（种）		租型种数（种）	总印数（万册、张）			总印张（千印张）			定价总金额（万元）		
	合计	新版		合计	新版	租型	合计	新版	租型	合计	新版	租型
全国总计	**1410**	**981**		**848**	**491**		**107736**	**63928**		**30741**	**19653**	
中　　央	**847**	**640**		**436**	**346**		**58615**	**43304**		**19471**	**14367**	
地　　方	**563**	**341**		**412**	**145**		**49121**	**20624**		**11270**	**5286**	
北　　京	24	9		30	8		3580	1189		749	283	
天　　津	8	6		2	2		322	247		85	72	
河　　北	3	2		5	1		523	104		81	24	
山　　西	1	1					15	15		4	4	
内 蒙 古	2	1					52	15		14	8	
辽　　宁	18	14		10	9		1450	1229		357	317	
吉　　林	71	31		38	14		3813	1423		1110	410	
黑 龙 江	45	41		6	4		933	685		252	202	
上　　海	53	37		30	17		5515	3001		1089	696	
江　　苏	27	13		61	4		7021	508		1534	186	
浙　　江	14	7		37	2		2203	154		331	52	
安　　徽	19	4		16	2		2442	389		589	106	
福　　建	5	2		27	9		2541	1969		559	311	
江　　西	41	33		28	21		3025	2059		823	671	
山　　东	21	13		9	3		1278	362		370	126	
河　　南	39	25		27	2		2124	227		422	71	
湖　　北	29	12		8	4		1529	779		360	199	
湖　　南	19	17		6	5		873	720		217	190	
广　　东	12	7		11	3		1580	359		381	90	
广　　西	27	4		12	2		1434	282		332	63	
海　　南	1	1					163	163		39	39	
重　　庆	3	2		2			251	53		61	18	
四　　川	27	23		27	24		3740	3362		863	787	
贵　　州	10	3		5			347	60		102	31	
云　　南	10	10		1	1		180	180		57	57	
西　　藏												
陕　　西	28	17		14	7		2040	942		429	212	
甘　　肃	1	1					15	15		5	5	
青　　海												
宁　　夏												
新　　疆												
兵　　团	5	5		1	1		133	133		55	55	

全国各地区各类图书出版数量（续表6）

	F 经济											
	种数（种）		租型种数（种）	总印数（万册、张）			总印张（千印张）			定价总金额（万元）		
	合计	新版		合计	新版	租型	合计	新版	租型	合计	新版	租型
全国总计	**34840**	**20598**		**15267**	**8267**		**2536135**	**1346738**		**696269**	**424455**	
中　　央	**24361**	**13773**		**11771**	**6287**		**1962514**	**1033165**		**535700**	**320614**	
地　　方	**10479**	**6825**		**3496**	**1980**		**573621**	**313573**		**160569**	**103841**	
北　　京	582	341		208	111		32534	16349		8825	5557	
天　　津	271	190		92	67		14080	9651		3957	2962	
河　　北	44	43		6	6		1101	1098		498	497	
山　　西	127	106		35	24		6798	5239		2408	1996	
内 蒙 古	40	39		17	17		1031	950		311	302	
辽　　宁	1022	331		376	83		67088	12880		13507	3428	
吉　　林	528	509		160	139		17005	15370		5067	4836	
黑 龙 江	231	185		46	36		7177	5534		2050	1737	
上　　海	2119	1223		967	486		175884	84503		44307	25702	
江　　苏	791	459		207	113		30600	16070		8857	5311	
浙　　江	397	214		195	72		30412	12062		10633	4640	
安　　徽	167	116		33	22		6299	4231		1802	1331	
福　　建	186	137		57	45		12021	10074		6145	5648	
江　　西	103	96		36	33		5240	4724		1468	1356	
山　　东	170	134		62	52		9256	7900		2681	2387	
河　　南	208	166		52	31		8514	6200		3206	2551	
湖　　北	606	414		122	78		20366	12973		5856	4391	
湖　　南	190	140		50	39		7674	5667		2348	1938	
广　　东	590	400		224	143		33066	21555		10000	7064	
广　　西	132	96		42	22		7697	3847		2518	1482	
海　　南	36	28		11	7		2038	1074		580	361	
重　　庆	193	101		46	23		7330	3683		1908	1124	
四　　川	992	705		303	202		46388	31069		13775	10095	
贵　　州	46	46		26	26		3220	3220		966	966	
云　　南	156	147		32	30		5047	4882		2216	2176	
西　　藏	6	6		1	1		88	88		19	19	
陕　　西	413	336		72	57		12152	9596		3370	2792	
甘　　肃	39	31		6	5		1349	1176		425	384	
青　　海	12	11		2	1		353	317		131	121	
宁　　夏	26	22		3	3		595	436		207	176	
新　　疆	30	27		4	3		557	494		161	146	
兵　　团	26	26		3	3		662	662		366	366	

全国各地区各类图书出版数量（续表7）

	G 文化、科学、教育、体育										
	种数（种）		租型种数（种）	总印数（万册、张）			总印张（千印张）			定价总金额（万元）		
	合计	新版		合计	新版	租型	合计	新版	租型	合计	新版	租型
全国总计	**210137**	**81082**	**11055**	**696426**	**122032**	**152600**	**52381798**	**9883931**	**11178190**	**9106387**	**2351103**	**1182257**
中　　央	**37828**	**15644**	**188**	**130262**	**24769**	**492**	**10910410**	**2324028**	**37728**	**1842542**	**521910**	**8912**
地　　方	**172309**	**65438**	**10867**	**566164**	**97263**	**152108**	**41471388**	**7559903**	**11140462**	**7263845**	**1829193**	**1173345**
北　　京	7558	2694		18883	3819		1399022	285809		344557	84501	
天　　津	2729	1308	201	4169	966	1111	316315	63927	78959	77783	25751	8476
河　　北	8407	1972	371	27136	4501	6933	2054109	305588	535201	348464	59487	53035
山　　西	2041	1034	256	10054	2990	3638	951446	429044	273434	133927	59337	29922
内 蒙 古	2077	527	362	5713	477	3216	437320	30771	268174	51746	6713	27647
辽　　宁	4905	1754	351	13881	2206	3036	1054734	175654	228188	187841	43550	23885
吉　　林	17406	7963	620	22231	5823	3820	1869466	477800	313564	415040	128017	32973
黑 龙 江	3682	2347	562	7893	1798	3723	655072	154101	289882	104174	30250	32451
上　　海	9751	3662	2	28276	6993	39	1864349	457669	2468	506535	172984	356
江　　苏	17083	5527	421	52313	9467	7525	3388329	572918	527552	571949	132795	54317
浙　　江	7416	3148	449	29413	6886	8085	1995614	494427	571529	338683	109618	61393
安　　徽	6039	2628	449	26872	5934	7533	1825632	402342	577565	328302	99243	64075
福　　建	2028	856	200	9372	1484	3455	709696	127614	252279	111744	30744	25085
江　　西	4168	2140	234	16117	2571	6351	1067569	176946	509444	169298	46793	48314
山　　东	12063	3133	705	48107	6227	13605	3081820	413729	755963	460086	81622	91653
河　　南	4852	2150	267	24778	3778	10699	1895889	272075	846562	238350	52733	80420
湖　　北	6427	3118	399	19052	4286	6296	1391962	325877	480228	256223	92109	52256
湖　　南	7804	2414	442	39307	5526	10504	3063050	492434	710075	533761	115987	83564
广　　东	5146	1701	173	27235	2528	7485	2004657	202646	581315	273906	44817	54947
广　　西	3889	924	508	24702	1658	7601	1687824	134733	563890	222046	25249	55615
海　　南	2946	941	224	5309	581	1347	344721	49225	85162	58770	12368	9635
重　　庆	2217	528	291	10899	1457	3018	643691	90382	210255	99786	16375	26030
四　　川	5831	2933	450	21526	2790	7092	1565540	209424	526886	241292	58534	57048
贵　　州	366	176	619	8785	192	7507	639991	28524	554517	73211	5128	57909
云　　南	5735	2413	310	15469	3346	5857	1289542	304800	467448	188240	55980	44200
西　　藏	285	82	280	1349	53	808	88007	2644	57365	11309	757	6929
陕　　西	6315	2236	460	16299	2306	3626	1377863	207668	262322	289453	57127	28078
甘　　肃	2408	1142	258	7314	940	3076	510713	74932	236947	77754	16773	21957
青　　海	241	34	222	958	11	742	74506	886	56644	7203	136	5882
宁　　夏	2904	1158	191	5503	1571	817	585346	161576	60783	140812	38539	7181
新　　疆	7258	2603	590	16793	3938	3564	1585289	416050	255860	385682	120163	28113
兵　　团	332	192		455	161		52303	17689		15919	5013	

全国各地区各类图书出版数量（续表8）

	H 语言、文字										
	种数（种）		租型种数（种）	总印数（万册、张）			总印张（千印张）			定价总金额（万元）		
	合计	新版		合计	新版	租型	合计	新版	租型	合计	新版	租型
全国总计	**21790**	**8719**		**25745**	**7342**		**3383340**	**846367**		**833166**	**258999**	
中　　央	**11792**	**4228**		**15534**	**3594**		**2211379**	**465091**		**535084**	**143476**	
地　　方	**9998**	**4491**		**10211**	**3748**		**1171961**	**381276**		**298082**	**115523**	
北　　京	496	200		574	128		64291	17194		16479	6415	
天　　津	198	133		62	35		8671	4489		2235	1286	
河　　北	69	20		119	18		3619	561		2150	423	
山　　西	31	16		11	3		1978	508		358	176	
内 蒙 古	74	34		22	4		4234	824		842	347	
辽　　宁	585	207		336	109		43741	11938		10293	3329	
吉　　林	1343	660		803	290		51808	26587		22131	8565	
黑 龙 江	210	159		31	22		3880	2480		981	711	
上　　海	2931	1004		3782	1364		603794	166977		139561	48539	
江　　苏	678	264		342	157		48217	20588		11168	5627	
浙　　江	572	268		1307	740		75808	33285		19930	11308	
安　　徽	121	62		61	34		6700	3205		1962	1201	
福　　建	72	40		31	15		3504	1744		1122	760	
江　　西	219	88		396	240		20317	6397		5361	2736	
山　　东	164	76		205	37		14440	3447		4255	1243	
河　　南	150	88		73	36		7954	4563		1983	1073	
湖　　北	357	143		217	76		28037	10091		6938	2911	
湖　　南	161	82		68	25		11222	3827		2442	1052	
广　　东	233	135		87	42		11992	5747		3333	1940	
广　　西	90	36		97	22		9363	1995		2554	782	
海　　南	12	10		3	2		299	257		133	109	
重　　庆	123	54		37	15		4891	1993		1270	601	
四　　川	422	286		1208	194		101060	30998		26755	8840	
贵　　州	12	11		4	2		514	153		104	48	
云　　南	79	69		19	11		2430	1610		869	708	
西　　藏	20	6		22	1		1672	102		254	25	
陕　　西	349	216		165	72		24976	14383		9575	3035	
甘　　肃	118	86		77	36		6810	3787		2140	1401	
青　　海	25	8		8	3		1024	542		155	94	
宁　　夏	9	5		2	1		394	196		97	48	
新　　疆	74	24		41	14		4317	803		649	188	
兵　　团	1	1					5	5		3	3	

全国各地区各类图书出版数量（续表9）

	I 文学											
	种数（种）		租型种数（种）	总印数（万册、张）			总印张（千印张）			定价总金额（万元）		
	合计	新版		合计	新版	租型	合计	新版	租型	合计	新版	租型
全国总计	**56790**	**36585**	**9**	**73772**	**32441**	**3**	**7859236**	**3348804**	**286**	**2085704**	**1053428**	**60**
中　　央	**15597**	**10876**		**16678**	**8269**		**2198728**	**917512**		**563345**	**309683**	
地　　方	**41193**	**25709**	**9**	**57094**	**24172**	**3**	**5660508**	**2431292**	**286**	**1522359**	**743745**	**60**
北　　京	2571	1388		4919	1808		504019	164946		126509	58166	
天　　津	1355	921		2233	973		192698	98018		63499	32640	
河　　北	628	256		1419	354		81027	32910		41594	10825	
山　　西	600	478		262	157		28377	18615		10400	6824	
内 蒙 古	532	378		125	89		13508	10475		3972	3286	
辽　　宁	1411	878		1907	733		169658	72656		41311	19714	
吉　　林	3444	2068		2323	1360		230488	143099		57361	35103	
黑 龙 江	990	927		307	281		31131	28972		9529	8992	
上　　海	2867	1658		2868	1175		343828	115965		96588	42376	
江　　苏	3595	2392		5226	2643		627604	309060		162956	89760	
浙　　江	2130	1101		5395	1575		472941	144831		137055	53236	
安　　徽	1236	719		2637	600		409070	71054		53185	17331	
福　　建	689	489		484	292		48162	30253		13499	8772	
江　　西	1841	1091		3714	1487		198255	100973		70765	34029	
山　　东	2315	1353		4697	1586		361108	139539		110063	45250	
河　　南	1325	833	8	1134	382	3	84775	34829	182	26304	12436	42
湖　　北	1648	956		1773	724		222110	91167		50149	22845	
湖　　南	1777	815		4739	1769		587247	233895		145199	58808	
广　　东	1215	940		1055	731		108045	74293		30323	21701	
广　　西	1426	777		2329	936		224712	96794		65596	31218	
海　　南	630	365		487	270		52135	31077		16149	9228	
重　　庆	1421	992		1805	997		173673	100455		50095	30520	
四　　川	2016	1439		3279	2099		271847	146824		79361	52586	
贵　　州	281	243		231	170		24328	20118		8053	5708	
云　　南	565	518		314	252		47716	40811		10781	8495	
西　　藏	99	69		21	11		2024	1207		490	329	
陕　　西	917	599	1	615	290		66678	33774	104	18568	10184	18
甘　　肃	426	319		254	141		23970	15766		6514	4404	
青　　海	102	76		25	19		3427	2593		765	623	
宁　　夏	410	261		280	141		35527	14622		9157	4737	
新　　疆	699	378		232	120		19531	10811		6285	3335	
兵　　团	32	32		6	6		889	889		285	285	

全国各地区各类图书出版数量（续表10）

	J 艺术											
	种数（种）		租型种数（种）	总印数（万册、张）			总印张（千印张）			定价总金额（万元）		
	合计	新版		合计	新版	租型	合计	新版	租型	合计	新版	租型
全国总计	**27294**	**17533**	**1**	**19941**	**10178**		**1647613**	**848114**	**165**	**746790**	**503061**	**31**
中　央	**8839**	**5401**		**6410**	**3459**		**576323**	**299636**		**254570**	**162664**	
地　方	**18455**	**12132**	**1**	**13531**	**6719**		**1071290**	**548478**	**165**	**492220**	**340397**	**31**
北　京	638	551		323	234		40560	30367		21125	17996	
天　津	634	484		238	170		20390	15394		13780	10977	
河　北	334	315		235	208		35802	32246		21578	19825	
山　西	188	153		66	41		8970	5678		4157	3473	
内蒙古	121	99		38	27		2443	2086		2832	2716	
辽　宁	732	398		228	119		22752	13405		11282	7363	
吉　林	1003	733		701	291		49331	23325		17219	9362	
黑龙江	449	441		115	113		6327	6134		3763	3694	
上　海	3342	1423		3291	725		299454	68251		88271	35196	
江　苏	1663	1092		1612	1207		93752	64856		45470	35829	
浙　江	1728	1134		734	467		77729	56969		54810	47394	
安　徽	894	551		455	153		32803	10116		14516	8168	
福　建	237	205		71	60		5628	4876		4161	3890	
江　西	453	312		1144	379		50821	33033		21945	13029	
山　东	442	342		194	130		15597	10934		11133	8856	
河　南	580	420		194	133		16884	12042		9873	8110	
湖　北	772	568		306	212		27032	18524		13211	10138	
湖　南	1004	456		1051	394		85957	33074		46504	31414	
广　东	633	490		438	202		31663	18962		16023	12696	
广　西	456	287		286	158		37789	18494		17435	10274	
海　南	88	61		48	34		3179	1901		1591	1088	
重　庆	397	174		145	65		19941	7768		6587	3294	
四　川	848	748		1192	829		56522	35166		25969	18903	
贵　州	35	23		6	4		916	489		779	567	
云　南	235	228		43	42		5025	4880		3981	3913	
西　藏	34	18		13	4		736	353		286	175	
陕　西	319	261	1	92	60		8993	6448	165	7248	5984	31
甘　肃	73	65		26	18		3969	3191		2748	2507	
青　海	32	30		10	9		1073	1039		619	607	
宁　夏	28	20		8	7		882	502		582	352	
新　疆	59	46		224	220		8184	7789		2490	2354	
兵　团	4	4		3	3		185	185		253	253	

全国各地区各类图书出版数量（续表11）

	K 历史、地理											
	种数（种）		租型种数（种）	总印数（万册、张）			总印张（千印张）			定价总金额（万元）		
	合计	新版		合计	新版	租型	合计	新版	租型	合计	新版	租型
全国总计	**18720**	**12992**		**12486**	**6664**		**1822403**	**1038286**		**669158**	**455687**	
中　　央	**8471**	**5334**		**6314**	**3067**		**1013868**	**563833**		**357993**	**227754**	
地　　方	**10249**	**7658**		**6172**	**3597**		**808535**	**474453**		**311165**	**227933**	
北　　京	621	447		544	293		67942	33995		20001	13813	
天　　津	232	173		110	77		19427	13891		7343	5898	
河　　北	74	68		15	12		2380	2168		1051	974	
山　　西	190	152		59	42		10962	9087		5236	4591	
内 蒙 古	226	203		38	32		7276	6342		4279	3983	
辽　　宁	253	194		99	63		14860	9674		5575	4338	
吉　　林	535	267		211	83		29821	14021		8674	5108	
黑 龙 江	330	230		126	97		8515	7808		5251	4445	
上　　海	1203	872		725	519		96937	53463		34391	25435	
江　　苏	868	623		759	406		103638	56366		41430	30635	
浙　　江	474	346		600	195		95157	29465		29078	11572	
安　　徽	241	178		80	33		10369	5706		4831	3538	
福　　建	255	213		110	85		14156	11207		6392	5647	
江　　西	299	224		358	122		40631	13721		11045	5347	
山　　东	494	424		513	376		38217	30354		22953	20407	
河　　南	478	346		200	80		28680	15625		12611	9540	
湖　　北	444	315		223	140		32536	18918		10824	7787	
湖　　南	245	213		96	87		15314	13845		8193	7646	
广　　东	484	357		252	168		26909	18045		9567	7000	
广　　西	318	202		152	83		27024	16806		10159	6792	
海　　南	95	85		48	42		6976	5612		2422	2098	
重　　庆	46	34		31	9		3691	2256		2232	1828	
四　　川	604	430		436	281		47488	38283		18204	14793	
贵　　州	101	92		35	31		5429	5017		1970	1768	
云　　南	331	290		77	62		12023	10217		5696	5170	
西　　藏	89	77		34	23		5834	3927		1870	1525	
陕　　西	437	371		161	98		23419	17800		14124	11065	
甘　　肃	107	97		32	27		5868	5225		2846	2594	
青　　海	40	28		13	8		1675	1130		581	475	
宁　　夏	68	61		18	15		2851	2581		1336	1257	
新　　疆	63	42		15	8		2408	1776		953	815	
兵　　团	4	4		1	1		123	123		48	48	

全国各地区各类图书出版数量（续表12）

	N 自然科学总论											
	种数（种）		租型种数（种）	总印数（万册、张）			总印张（千印张）			定价总金额（万元）		
	合计	新版		合计	新版	租型	合计	新版	租型	合计	新版	租型
全国总计	**793**	**431**		**551**	**287**		**60030**	**25229**		**25445**	**15002**	
中　　央	**367**	**198**		**272**	**180**		**29652**	**13521**		**13262**	**8771**	
地　　方	**426**	**233**		**279**	**107**		**30378**	**11708**		**12183**	**6231**	
北　　京	33	21		46	20		4934	1435		1231	715	
天　　津	7	6		6	5		971	881		860	833	
河　　北												
山　　西	3	2		5	1		673	154		196	62	
内 蒙 古	2	1					11	5		3	2	
辽　　宁	14	13		2	2		174	121		63	52	
吉　　林	24	8		18	4		2075	527		366	96	
黑 龙 江	8	6		1	1		209	139		112	103	
上　　海	49	31		15	10		2550	1755		658	484	
江　　苏	29	13		18	14		1748	1183		1551	1364	
浙　　江	17	6		16	1		3686	140		1067	62	
安　　徽	34	31		3	3		745	684		610	591	
福　　建	7	3		3	1		232	66		82	30	
江　　西	16	6		23	3		2123	246		530	63	
山　　东	36	15		20	9		1390	950		540	342	
河　　南	11	9		2	2		496	325		325	286	
湖　　北	11	7		3	2		561	311		121	79	
湖　　南	2	1		1	1		166	136		40	30	
广　　东	12	5		2	1		193	125		79	61	
广　　西	47	5		49	6		4793	1168		2025	290	
海　　南	3	2		2	2		353	105		93	48	
重　　庆	4	2		1	1		163	101		61	40	
四　　川	31	22		20	17		1037	783		433	355	
贵　　州	1	1					8	8		2	2	
云　　南	2	2					50	50		16	16	
西　　藏												
陕　　西	15	10		21	2		911	234		1076	194	
甘　　肃	1	1					45	45		15	15	
青　　海												
宁　　夏												
新　　疆	7	4		1			82	31		29	17	
兵　　团												

全国各地区各类图书出版数量（续表13）

	O 数理科学、化学											
	种数（种）		租型种数（种）	总印数（万册、张）			总印张（千印张）			定价总金额（万元）		
	合计	新版		合计	新版	租型	合计	新版	租型	合计	新版	租型
全国总计	**9482**	**2955**	**1**	**4157**	**1256**		**658564**	**192567**	**52**	**148928**	**51978**	**9**
中　央	**6560**	**1749**		**2662**	**816**		**480787**	**131147**		**103540**	**34595**	
地　方	**2922**	**1206**	**1**	**1495**	**440**		**177777**	**61420**	**52**	**45388**	**17383**	**9**
北　京	88	47		139	30		13642	2822		3049	1067	
天　津	171	45		254	14		9882	1421		3778	435	
河　北	6	2		8			612	24		121	4	
山　西	11	8		3	2		409	209		109	76	
内蒙古	22	8		2	1		273	159		42	24	
辽　宁	132	32		36	9		5882	1542		1308	383	
吉　林	150	87		91	30		6770	3060		2016	916	
黑龙江	175	105		27	15		5131	2811		1171	753	
上　海	487	194		181	74		31913	12265		6883	3132	
江　苏	315	99		100	25		13007	3716		2865	902	
浙　江	103	23		29	5		3370	611		954	255	
安　徽	129	57		63	26		7621	2876		2629	1060	
福　建	27	15		6	4		1033	558		227	145	
江　西	74	26		98	19		9816	1578		2395	504	
山　东	80	24		48	9		6744	803		1218	306	
河　南	35	19		7	3		1375	535		285	128	
湖　北	252	106		73	38		11145	5399		2474	1380	
湖　南	62	21		16	5		2478	875		567	219	
广　东	64	24		12	6		1835	822		383	206	
广　西	24	12		15	13		1056	738		435	363	
海　南	10	6		7	5		1047	597		270	179	
重　庆	60	21		23	6		3168	912		818	218	
四　川	171	83		53	22		5215	2584		1377	705	
贵　州	3	1					62	8		11	2	
云　南	8	4		1			119	29		29	11	
西　藏												
陕　西	250	131	1	202	78		33889	14328	52	9912	3973	9
甘　肃	10	4		1			178	45		37	14	
青　海												
宁　夏	2	1		1	1		50	39		14	11	
新　疆	1	1					55	55		11	11	
兵　团												

全国各地区各类图书出版数量（续表14）

	P 天文学、地球科学											
	种数（种）		租型种数（种）	总印数（万册、张）			总印张（千印张）			定价总金额（万元）		
	合计	新版		合计	新版	租型	合计	新版	租型	合计	新版	租型
全国总计	**2968**	**2010**		**1276**	**768**		**159227**	**98453**		**64607**	**45020**	
中　　央	**1891**	**1320**		**637**	**417**		**101664**	**69082**		**42336**	**30717**	
地　　方	**1077**	**690**		**639**	**351**		**57563**	**29371**		**22271**	**14303**	
北　　京	71	38		87	24		6515	3196		3244	1886	
天　　津	24	16		11	5		659	402		405	261	
河　　北	4	3		1			59	10		15	3	
山　　西	12	12		5	5		382	382		201	201	
内 蒙 古	28	26		5	5		494	483		166	165	
辽　　宁	31	20		14	10		1334	1073		527	411	
吉　　林	81	33		63	27		4438	1045		1382	604	
黑 龙 江	26	23		3	3		324	282		155	148	
上　　海	70	57		33	29		4462	3237		1764	1517	
江　　苏	100	76		33	26		2659	1438		834	584	
浙　　江	23	16		12	6		1363	892		566	397	
安　　徽	17	10		10	8		405	196		202	82	
福　　建	19	15		15	13		810	592		367	315	
江　　西	42	12		70	6		7903	727		2143	534	
山　　东	65	23		51	20		5338	2378		1683	1080	
河　　南	69	44		36	28		3016	1912		1022	771	
湖　　北	167	98		71	48		8767	4840		3120	2365	
湖　　南	21	20		3	3		445	423		170	166	
广　　东	25	23		12	12		875	837		395	373	
广　　西	26	19		28	22		2015	1459		842	609	
海　　南	7	3		2	1		219	48		74	14	
重　　庆	16	6		7	2		790	318		338	144	
四　　川	58	41		34	28		2452	2009		1047	902	
贵　　州	2	2		1	1		96	96		39	39	
云　　南	20	17		10	10		457	414		131	122	
西　　藏	2	1		1			43	19		14	7	
陕　　西	34	24		19	8		950	463		1314	518	
甘　　肃	5	4					78	71		27	24	
青　　海	5	2		1	1		94	32		25	9	
宁　　夏	1	1					40	40		39	39	
新　　疆	6	5		1	1		82	58		19	14	
兵　　团												

全国各地区各类图书出版数量（续表15）

	Q 生物科学											
	种数（种）		租型种数（种）	总印数（万册、张）			总印张（千印张）			定价总金额（万元）		
	合计	新版		合计	新版	租型	合计	新版	租型	合计	新版	租型
全国总计	**3486**	**1927**		**1922**	**954**		**224142**	**91348**		**80393**	**45466**	
中　　央	**1883**	**871**		**765**	**365**		**127861**	**46332**		**43873**	**23265**	
地　　方	**1603**	**1056**		**1157**	**589**		**96281**	**45016**		**36520**	**22201**	
北　　京	142	51		245	40		23141	3332		6484	2331	
天　　津	47	33		41	32		2752	2060		1056	799	
河　　北	16	14		4	3		755	716		252	211	
山　　西	8	8		4	4		282	282		86	86	
内 蒙 古	17	14		2	2		183	171		88	86	
辽　　宁	23	15		10	7		872	460		382	280	
吉　　林	198	94		142	49		11211	2563		3174	1164	
黑 龙 江	166	161		44	23		1324	909		717	515	
上　　海	134	94		59	45		6349	4697		2639	2201	
江　　苏	65	50		71	66		6913	6139		2133	1936	
浙　　江	106	68		42	28		4249	2895		1951	1534	
安　　徽	35	25		15	8		1291	563		479	294	
福　　建	26	23		9	8		1041	936		933	907	
江　　西	81	38		94	22		10041	2279		2380	658	
山　　东	30	18		8	3		718	328		364	217	
河　　南	29	27		6	3		1148	810		1107	1038	
湖　　北	71	33		31	21		4262	2729		1396	1054	
湖　　南	8	6		3	2		406	296		108	88	
广　　东	63	50		60	24		2598	1734		1985	1149	
广　　西	97	80		119	105		6248	4792		2768	2235	
海　　南	16	12		12	10		1124	986		470	413	
重　　庆	28	7		8	2		1453	651		879	471	
四　　川	90	61		89	65		5018	2559		2177	1503	
贵　　州	6	3		2			118	76		340	43	
云　　南	24	21		8	3		666	512		585	319	
西　　藏	3	3		1	1		37	37		26	26	
陕　　西	44	26		21	9		1517	1107		1376	511	
甘　　肃	8	7		1	1		217	174		58	46	
青　　海	2	1					23	9		5	2	
宁　　夏	2	2		1	1		63	63		34	34	
新　　疆	18	11		4	2		261	150		89	51	
兵　　团												

全国各地区各类图书出版数量（续表16）

	R 医药、卫生											
	种数（种）		租型种数（种）	总印数（万册、张）			总印张（千印张）			定价总金额（万元）		
	合计	新版		合计	新版	租型	合计	新版	租型	合计	新版	租型
全国总计	**22633**	**13486**	**6**	**10356**	**5124**	**2**	**1805428**	**902918**	**227**	**518358**	**299132**	**63**
中　　央	**13926**	**7364**		**6901**	**3188**		**1343117**	**626616**		**368121**	**204513**	
地　　方	**8707**	**6122**	**6**	**3455**	**1936**	**2**	**462311**	**276302**	**227**	**150237**	**94619**	**63**
北　　京	337	229		264	104		36157	16012		13513	7451	
天　　津	1145	1031		162	121		32474	25711		9372	7445	
河　　北	47	41		52	48		6362	5961		2035	1862	
山　　西	128	71		51	23		8027	2638		1916	886	
内 蒙 古	60	49		8	6		1494	1156		527	459	
辽　　宁	271	159		96	55		19282	13673		8602	5314	
吉　　林	1518	1183		179	122		39777	25177		12919	8001	
黑 龙 江	147	145		22	21		3178	3130		894	886	
上　　海	958	589		295	180		50884	30255		17963	11697	
江　　苏	666	282		414	144		51879	20463		18819	8504	
浙　　江	255	139		471	179		19931	12205		6814	3866	
安　　徽	150	88		84	56		13159	9061		3669	2638	
福　　建	107	73		57	39		7735	4987		2660	1767	
江　　西	134	86		107	56		15972	7180		3714	1963	
山　　东	214	134		131	67		21536	10220		6843	3700	
河　　南	434	312		133	86		19099	13275		6003	4539	
湖　　北	481	305		102	65		16859	10425		5615	3937	
湖　　南	201	125		114	74		28903	22382		6739	5286	
广　　东	267	172		138	88		15052	9476		5509	3876	
广　　西	84	49	3	239	213	1	10347	6397	113	2858	1903	29
海　　南	38	24		17	8		3051	1326		1101	659	
重　　庆	55	23		56	7		3587	1106		1069	327	
四　　川	176	107		72	39		10871	5737		3044	1804	
贵　　州	48	34		23	18		2636	2066		739	562	
云　　南	125	105		22	16		3622	2793		1159	970	
西　　藏	9	8		1	1		371	156		93	59	
陕　　西	442	371	3	98	62	1	15142	9529	114	4712	3163	34
甘　　肃	85	81		18	17		2441	2370		628	607	
青　　海	19	12		5	2		907	281		236	123	
宁　　夏	6	4		1			93	57		31	16	
新　　疆	94	85		22	17		1393	1005		385	295	
兵　　团	6	6		1	1		91	91		55	55	

全国各地区各类图书出版数量（续表17）

	S农业科学											
	种数（种）		租型种数（种）	总印数（万册、张）			总印张（千印张）			定价总金额（万元）		
	合计	新版		合计	新版	租型	合计	新版	租型	合计	新版	租型
全国总计	**5517**	**3381**		**1922**	**947**		**205639**	**102095**		**69146**	**43551**	
中　　央	**3577**	**2000**		**1096**	**571**		**130370**	**64906**		**44966**	**28336**	
地　　方	**1940**	**1381**		**826**	**376**		**75269**	**37189**		**24180**	**15215**	
北　　京	40	17		47	8		5020	834		1081	361	
天　　津	36	33		5	4		731	652		221	184	
河　　北	44	35		20	18		2032	1693		541	480	
山　　西	21	15		9	3		968	319		243	97	
内 蒙 古	44	42		7	5		552	493		241	215	
辽　　宁	27	22		3	2		570	270		196	115	
吉　　林	127	70		42	11		3711	1668		990	591	
黑 龙 江	64	63		7	7		1082	1075		502	500	
上　　海	51	38		16	12		1794	984		697	470	
江　　苏	105	61		45	27		3925	2743		1670	1168	
浙　　江	67	34		15	8		1392	780		587	419	
安　　徽	33	18		20	9		1772	756		569	291	
福　　建	85	47		37	21		3745	2166		1694	1178	
江　　西	40	24		78	3		5547	337		1375	247	
山　　东	70	30		23	7		1938	921		694	397	
河　　南	131	88		92	23		8363	2606		2747	1072	
湖　　北	97	75		32	22		3526	2606		1820	1385	
湖　　南	123	112		90	33		8384	2945		1735	984	
广　　东	52	37		25	16		1752	1318		807	674	
广　　西	45	32		37	31		2456	1995		1034	903	
海　　南	6	6		1	1		109	109		50	50	
重　　庆	27	9		4	1		738	214		204	89	
四　　川	84	38		30	12		2693	941		830	437	
贵　　州	29	28		4	3		682	671		233	231	
云　　南	98	78		18	11		1635	1168		728	616	
西　　藏	4	3					27	23		9	8	
陕　　西	84	70		24	19		2653	2266		789	701	
甘　　肃	38	29		18	7		2315	869		550	272	
青　　海	22	22		4	4		407	407		168	168	
宁　　夏	19	12		3	1		440	239		125	67	
新　　疆	222	189		70	47		4215	3033		1020	821	
兵　　团	5	4		1	1		94	88		31	25	

全国各地区各类图书出版数量（续表18）

	T 工业技术											
	种数（种）		租型种数（种）	总印数（万册、张）			总印张（千印张）			定价总金额（万元）		
	合计	新版		合计	新版	租型	合计	新版	租型	合计	新版	租型
全国总计	**48783**	**21472**		**15996**	**6869**		**2811672**	**1159364**		**787359**	**408864**	
中　　央	**36773**	**14355**		**12152**	**4815**		**2239681**	**855010**		**605644**	**293429**	
地　　方	**12010**	**7117**		**3844**	**2054**		**571991**	**304354**		**181715**	**115435**	
北　　京	310	211		205	101		30313	14683		9782	5632	
天　　津	461	298		121	82		18483	12159		7429	5849	
河　　北	18	14		2	1		323	191		87	55	
山　　西	26	22		5	4		668	569		285	253	
内 蒙 古	40	24		9	4		876	462		321	234	
辽　　宁	679	270		183	75		25164	10262		8516	4421	
吉　　林	634	572		197	125		26863	21108		7503	6305	
黑 龙 江	524	337		103	58		16462	9038		4128	2626	
上　　海	1152	733		348	209		63589	36208		19803	14080	
江　　苏	1507	845		493	270		73024	38394		24743	15700	
浙　　江	340	150		92	40		13891	5658		5578	3178	
安　　徽	294	173		75	41		11619	5745		3151	1892	
福　　建	165	114		83	49		11374	6352		4427	3280	
江　　西	114	74		69	21		9856	2526		2748	1172	
山　　东	412	245		243	150		31028	19150		8971	5871	
河　　南	640	382		176	84		22169	10599		8071	4548	
湖　　北	1406	726		396	201		67257	32862		19919	12426	
湖　　南	240	141		86	56		12447	7666		3776	2697	
广　　东	337	175		88	53		11931	6901		4022	2785	
广　　西	147	84		134	55		14705	6624		7967	4635	
海　　南	59	43		26	15		3366	1487		1285	826	
重　　庆	520	171		128	46		19567	7034		5119	2356	
四　　川	793	533		281	154		36030	20954		10580	6585	
贵　　州	26	21		9	6		4764	4337		1542	1448	
云　　南	107	88		26	18		3417	2341		1420	1085	
西　　藏	5	5		1	1		104	104		28	28	
陕　　西	903	530		251	123		41279	19988		10105	5183	
甘　　肃	19	13		4	2		492	195		136	66	
青　　海	13	10		1	1		198	149		55	45	
宁　　夏	19	15		2	1		241	195		78	67	
新　　疆	97	95		8	7		483	405		133	102	
兵　　团	3	3					7	7		6	6	

全国各地区各类图书出版数量（续表19）

	U 交通运输											
	种数（种）		租型种数（种）	总印数（万册、张）			总印张（千印张）			定价总金额（万元）		
	合计	新版		合计	新版	租型	合计	新版	租型	合计	新版	租型
全国总计	**6035**	**2930**		**2522**	**979**		**336775**	**125000**		**102706**	**45760**	
中　　央	**4461**	**1993**		**1906**	**591**		**266370**	**83874**		**80225**	**31196**	
地　　方	**1574**	**937**		**616**	**388**		**70405**	**41126**		**22481**	**14564**	
北　　京	45	34		42	16		3487	1761		1222	614	
天　　津	87	51		13	6		1642	841		554	319	
河　　北	3	1		1			42	18		45	5	
山　　西	5	5		1	1		198	198		142	142	
内 蒙 古	2	1		1			38	8		18	5	
辽　　宁	199	106		56	29		8536	4078		2553	1230	
吉　　林	72	57		36	21		3188	2308		892	632	
黑 龙 江	94	64		24	18		3602	2665		884	688	
上　　海	166	121		36	29		6293	4995		2832	2584	
江　　苏	137	76		43	22		6468	2762		1952	1055	
浙　　江	18	10		102	98		3881	3461		1381	1231	
安　　徽	15	7		3	1		360	161		109	61	
福　　建	4	3		1	1		148	140		43	36	
江　　西	2	1		2	1		209	80		118	88	
山　　东	37	20		20	8		2446	1001		690	291	
河　　南	16	8		3	1		322	78		92	37	
湖　　北	86	66		18	14		2771	2149		1070	949	
湖　　南	39	24		11	8		1661	1202		413	315	
广　　东	39	18		34	22		3490	1950		1037	688	
广　　西	9	5		3	2		295	176		136	106	
海　　南	3	3					52	52		15	15	
重　　庆	67	24		46	35		5713	4155		1702	1346	
四　　川	347	187		81	43		11161	5493		2966	1611	
贵　　州												
云　　南	9	5		4			527	46		149	15	
西　　藏												
陕　　西	69	39		33	11		3684	1334		1398	495	
甘　　肃	1						21			4		
青　　海	1	1					13	13		5	5	
宁　　夏												
新　　疆	2			1			156			58		
兵　　团												

全国各地区各类图书出版数量（续表20）

	V 航空、航天											
	种数（种）		租型种数（种）	总印数（万册、张）			总印张（千印张）			定价总金额（万元）		
	合计	新版		合计	新版	租型	合计	新版	租型	合计	新版	租型
全国总计	**613**	**381**		**191**	**104**		**24644**	**14224**		**10420**	**6941**	
中　央	**404**	**249**		**93**	**59**		**14377**	**8493**		**5609**	**3924**	
地　方	**209**	**132**		**98**	**45**		**10267**	**5731**		**4811**	**3017**	
北　京	16	9		11	6		1064	650		625	517	
天　津	5	5		4	4		145	145		224	224	
河　北												
山　西	3	2		2	2		198	170		56	52	
内蒙古	1	1					8	8		5	5	
辽　宁	14	14		5	5		806	806		439	438	
吉　林	15	3		5			504	13		131	3	
黑龙江	12	9		1	1		147	98		107	96	
上　海	26	25		6	6		1173	1160		665	660	
江　苏	3	2		1			55	26		19	13	
浙　江	4	1		3	1		191	36		104	48	
安　徽	4	3		3	2		107	94		114	110	
福　建	2	1					24	16		13	6	
江　西	5	1		11			1356	71		279	20	
山　东	1	1					5	5		3	3	
河　南	2	1		1			60			24		
湖　北	6	5		2	2		283	236		89	81	
湖　南	4	1					81	3		17	1	
广　东	2	2		3	3		151	151		50	50	
广　西	2	1		3	2		175	99		67	40	
海　南	1	1		1	1		45	45		18	18	
重　庆												
四　川	36	19		10	6		1824	1157		507	348	
贵　州												
云　南												
西　藏												
陕　西	44	24		25	4		1806	685		1242	272	
甘　肃												
青　海												
宁　夏												
新　疆	1	1					58	58		13	13	
兵　团												

全国各地区各类图书出版数量（续表21）

	X 环境科学										
	种数（种）		租型种数（种）	总印数（万册、张）			总印张（千印张）			定价总金额（万元）		
	合计	新版		合计	新版	租型	合计	新版	租型	合计	新版	租型
全国总计	**2525**	**1584**		**1019**	**638**		**98346**	**56332**		**34311**	**23576**	
中　　央	**1686**	**1032**		**491**	**303**		**60939**	**35752**		**20823**	**14489**	
地　　方	**839**	**552**		**528**	**335**		**37407**	**20580**		**13488**	**9087**	
北　　京	22	12		19	8		1739	807		392	180	
天　　津	24	20		13	6		770	521		378	318	
河　　北	6	4		9			1335	18		82	4	
山　　西	6	5		1			139	121		80	65	
内 蒙 古	7	6		1	1		146	142		68	67	
辽　　宁	33	25		10	3		871	494		580	180	
吉　　林	65	42		45	15		3778	1441		807	438	
黑 龙 江	57	23		18	3		1841	468		601	151	
上　　海	156	74		45	27		2946	1537		1100	768	
江　　苏	66	50		21	17		2483	1901		1115	991	
浙　　江	43	18		62	27		4055	1346		1262	536	
安　　徽	21	13		5	2		385	225		122	76	
福　　建	9	6		51	51		2357	2325		596	587	
江　　西	12	11		6	3		689	435		774	721	
山　　东	13	13		1	1		99	99		45	45	
河　　南	25	18		20	12		1507	761		549	317	
湖　　北	53	41		8	6		1127	655		339	243	
湖　　南	19	19		50	50		1636	1636		1028	1028	
广　　东	32	24		20	17		1409	1079		621	503	
广　　西	18	9		24	12		1901	961		606	377	
海　　南	1	1					36	36		6	6	
重　　庆	4			8			751			128		
四　　川	50	40		58	55		1722	1513		591	521	
贵　　州	5	5		1	1		86	86		36	36	
云　　南	17	16		5	5		711	707		221	219	
西　　藏	1	1					8	8		4	4	
陕　　西	33	22		19	6		1875	631		752	195	
甘　　肃	7	7		1	1		139	139		75	75	
青　　海	9	8		2	2		305	264		366	354	
宁　　夏	3	3					63	63		18	18	
新　　疆	22	16		4	3		497	162		145	65	
兵　　团												

全国各地区各类图书出版数量（续表22）

	Z 综合性图书											
	种数（种）		租型种数（种）	总印数（万册、张）			总印张（千印张）			定价总金额（万元）		
	合计	新版		合计	新版	租型	合计	新版	租型	合计	新版	租型
全国总计	**3929**	**3092**		**2768**	**1219**		**342801**	**175053**		**147568**	**89463**	
中　　央	**1272**	**999**		**1094**	**517**		**128238**	**68110**		**56938**	**33289**	
地　　方	**2657**	**2093**		**1674**	**702**		**214563**	**106943**		**90630**	**56174**	
北　　京	196	121		232	101		28181	13135		9649	6067	
天　　津	21	17		18	15		3151	2779		1520	1299	
河　　北	85	69		37	29		4220	3700		2446	2290	
山　　西	38	37		9	8		1779	1737		821	813	
内 蒙 古	15	14		2	2		521	502		226	221	
辽　　宁	58	51		16	14		2169	2035		877	793	
吉　　林	498	411		128	31		14232	4487		3196	1145	
黑 龙 江	48	45		6	6		1256	1218		484	476	
上　　海	148	110		105	39		18261	5896		6632	3382	
江　　苏	105	84		89	78		6634	4844		3860	3175	
浙　　江	165	91		338	69		42507	9998		12541	4186	
安　　徽	112	65		173	31		12418	3086		9404	3452	
福　　建	70	68		12	11		3494	3421		1686	1639	
江　　西	58	44		97	31		9759	3443		2739	1191	
山　　东	96	48		51	16		7050	1494		2064	887	
河　　南	127	105		14	10		3716	3147		2509	2337	
湖　　北	54	40		14	4		2019	1195		797	515	
湖　　南	11	11		5	5		1079	1079		304	304	
广　　东	144	131		36	29		7814	6705		6063	4785	
广　　西	133	91		127	58		11044	5704		8039	4844	
海　　南	16	15		3	2		666	637		333	325	
重　　庆	2	2					85	85		90	90	
四　　川	115	95		90	57		10191	5069		4297	2622	
贵　　州	13	13		4	4		621	621		309	309	
云　　南	171	168		23	21		5419	5213		3593	3518	
西　　藏	6	6		1	1		118	118		134	134	
陕　　西	50	48		18	6		1999	1691		1560	981	
甘　　肃	23	22		4	4		941	901		421	409	
青　　海	13	13		4	4		479	479		332	332	
宁　　夏	16	16		2	2		490	490		395	395	
新　　疆	30	22		16	13		11861	11645		3026	2975	
兵　　团	20	20		1	1		390	390		282	282	

全国各地区各类图书出版数量（续表23）

	（二）不使用《中国标准书号》部分——图片合计											
	种数（种）		租型种数（种）	总印数（万册、张）			总印张（千印张）			定价总金额（万元）		
	合计	新版		合计	新版	租型	合计	新版	租型	合计	新版	租型
全国总计	**280**	**157**		**251**	**200**		**6415**	**5006**		**5089**	**4303**	
中　央	**124**	**76**		**209**	**190**		**4853**	**4377**		**4113**	**3789**	
地　方	**156**	**81**		**42**	**10**		**1562**	**629**		**976**	**514**	
北　京	1	1					1	1		8	8	
天　津												
河　北												
山　西												
内蒙古												
辽　宁	1			1			5			4		
吉　林												
黑龙江												
上　海	11	11		2	2		3	3		79	79	
江　苏	74	10		28	2		1174	330		503	101	
浙　江	52	48		7	5		231	214		279	248	
安　徽												
福　建												
江　西												
山　东	1	1					16	16		32	32	
河　南												
湖　北												
湖　南												
广　东	1			2			4			5		
广　西	1						45			13		
海　南												
重　庆												
四　川												
贵　州												
云　南	4			1			18			7		
西　藏												
陕　西												
甘　肃	10	10		1	1		65	65		46	46	
青　海												
宁　夏												
新　疆												
兵　团												

全国各地区各类图书

	不使用《中国标准书号》部分——附录合计									国标（GB）、部标（BB）		
	总印数（万册、张）			总印张（千印张）			定价总金额（万元）			总印数（万册、张）		
	合计	新版	租型	合计	新版	租型	合计	新版	租型	合计	新版	租型
全国总计	**1658**	**985**		**76605**	**39884**		**40538**	**22737**		**1214**	**711**	
中　　央	**1491**	**935**		**64225**	**36100**		**35539**	**21278**		**1204**	**704**	
地　　方	**167**	**50**		**12380**	**3784**		**4999**	**1459**		**10**	**7**	
北　　京												
天　　津												
河　　北												
山　　西												
内 蒙 古												
辽　　宁				17	17		3	3				
吉　　林												
黑 龙 江												
上　　海	1			8			34	9				
江　　苏	33	20		1583	889		715	424		10	7	
浙　　江	84	9		8295	887		3580	467				
安　　徽												
福　　建				67	67							
江　　西												
山　　东												
河　　南												
湖　　北												
湖　　南												
广　　东	3			63	2		89	77				
广　　西												
海　　南	25			408			95					
重　　庆												
四　　川												
贵　　州												
云　　南												
西　　藏												
陕　　西												
甘　　肃	21	21		1922	1922		479	479				
青　　海												
宁　　夏												
新　　疆				17			4					
兵　　团												

出版数量（续表24）

等标准类文件印品						活页文选、活页歌篇、小件印品等								
总印张（千印张）			定价总金额（万元）			总印数（万册、张）			总印张（千印张）			定价总金额（万元）		
合计	新版	租型	合计	新版	租型	合计	新版	租型	合计	新版	租型	合计	新版	租型
55817	**28608**		**32925**	**18996**		**444**	**274**		**20788**	**11276**		**7613**	**3741**	
55368	**28326**		**32565**	**18780**		**287**	**231**		**8857**	**7774**		**2974**	**2498**	
449	**282**		**360**	**216**		**157**	**43**		**11931**	**3502**		**4639**	**1243**	
									17	17		3	3	
5			6			1			3			28	9	
389	227		354	216		23	13		1194	662		361	208	
55	55					84	9		8240	832		3580	467	
									67	67				
						3			63	2		89	77	
						25			408			95		
						21	21		1922	1922		479	479	
									17			4		

全国各类少年儿童读物出版数量

	种数（种）		租型种数（种）	总印数(万册、张)			总印张（千印张）			定价总金额（万元）		
	合计	新版		合计	新版	租型	合计	新版	租型	合计	新版	租型
图书总计	**42441**	**22834**	**4**	**82007**	**33227**	**1**	**4883681**	**1653441**	**92**	**1754839**	**760237**	**21**
(一) 使用《中国标准书号》部分合计	42441	22834	4	82000	33220	1	4883613	1653392	92	1754699	760109	21
A 马克思主义、列宁主义、毛泽东思想	9	2		15	3		1544	302		609	173	
B 哲学	385	204		399	192		32841	17911		9010	4616	
C 社会科学总论	47	20		122	31		8022	1491		3402	1000	
D 政治、法律	139	83		468	409		19658	15493		5805	4652	
E 军事	165	87		231	156		16984	9407		4033	2238	
F 经济	30	18		29	19		2398	1542		777	550	
G 文化、科学、教育、体育	10704	6591		21770	10195		777780	344114		504865	243871	
H 语言、文字	2489	1006		5308	1517		294558	71611		97265	29606	
I 文学	19953	10467	4	38609	14054	1	2842439	854670	92	801864	325585	21
J 艺术	3783	2003		8153	4062		353377	171920		129811	69724	
K 历史、地理	1220	575		1808	642		159972	48147		47975	17768	
N 自然科学总论	181	89		311	176		22040	7957		12398	7414	
O 数理科学、化学	438	133		768	172		43919	7845		15121	3610	
P 天文学、地球科学	341	179		422	147		30444	8978		15070	5865	
Q 生物科学	1051	684		1062	525		76638	26390		29942	14303	
R 医药、卫生	142	63		138	52		10494	3576		4421	1895	
S 农业科学	111	50		188	55		13490	3320		3358	1251	
T 工业技术	205	107		275	97		17512	5674		7210	2619	
U 交通运输	93	47		118	50		5595	2274		3201	1511	
V 航空、航天	49	20		60	17		3670	832		2061	638	
X 环境科学	145	38		201	109		13222	6472		4955	2809	
Z 综合性图书	761	368		1545	540		137016	43466		51546	18411	
(二) 不使用《中国标准书号》部分合计				7	7		68	49		140	128	
1. 图片												
2. 国标(GB)、部标(BB)等标准类文件印品												
3. 活页文选、活页歌篇、小件印品等				7	7		68	49		140	128	

全国各地区少年儿童读物出版数量

	种数（种）		租型种数（种）	总印数（万册、张）			总印张（千印张）			定价总金额（万元）		
	合计	新版		合计	新版	租型	合计	新版	租型	合计	新版	租型
全国总计	**42441**	**22834**	**4**	**82007**	**33227**	**1**	**4883681**	**1653441**	**92**	**1754839**	**760237**	**21**
中　央	**8923**	**5316**		**14530**	**7443**		**879134**	**367734**		**341678**	**175216**	
地　方	**33518**	**17518**	**4**	**67477**	**25784**	**1**	**4004547**	**1285707**	**92**	**1413161**	**585021**	**21**
北　京	2649	915		5519	1627		488352	98985		123162	42609	
天　津	1046	546		2075	666		95070	29855		48478	18452	
河　北	886	297		1694	413		77127	23830		46525	11470	
山　西	159	61		111	42		7385	2816		4141	1648	
内蒙古	289	173		114	86		3693	2209		2626	2232	
辽　宁	1212	692		1869	688		131721	39827		34942	14115	
吉　林	4097	2081		4247	1780		226608	83126		77634	33488	
黑龙江	1491	1366		578	506		27725	23425		13403	12088	
上　海	1164	609		7138	3242		206197	75948		185816	87956	
江　苏	2105	1137		3118	1657		187157	71132		62888	31792	
浙　江	3054	1445		7826	2929		542716	157992		149731	60521	
安　徽	1149	453		5132	811		473367	57527		87601	16354	
福　建	464	320		554	313		37137	20751		10579	6445	
江　西	2292	1178		5601	1788		284083	105431		93427	36294	
山　东	2284	1129		5071	1701		283645	99998		104930	39411	
河　南	925	476	4	1103	323	1	40333	15962	92	19091	7981	21
湖　北	800	498		1199	494		76525	25405		24823	11453	
湖　南	976	378		1886	642		101549	42758		34785	15577	
广　东	842	566		1061	619		55259	31023		19762	12752	
广　西	1334	557		2639	1066		177562	69534		66396	29805	
海　南	118	81		103	47		6758	3200		2048	1292	
重　庆	95	83		149	131		3997	3262		1659	1384	
四　川	2270	1510		5790	2927		338175	140551		110779	58362	
贵　州	78	42		104	29		6332	847		3701	1040	
云　南	290	202		913	628		39142	23313		14120	8923	
西　藏	16	15		3	3		140	129		60	57	
陕　西	607	254		1243	250		45601	16111		54708	13103	
甘　肃	273	149		274	106		19072	8611		6656	3301	
青　海	23	20		9	7		399	234		150	122	
宁　夏	73	57		89	77		4393	3366		2645	1980	
新　疆	457	228		265	186		17327	8549		5895	3014	
兵　团												

全国课本出版数量

	种数（种）		租型种数（种）	总印数（万册、张）		总印张（千印张）		定价总金额（万元）	
	合计	新版		合计	租型	合计	租型	合计	租型
课本合计	**86591**	**23776**	**8417**	**325612**	**139846**	**25818117**	**10274887**	**3565664**	**1067091**
（1）大专及以上课本	62414	19066	2	30303		5317760	54	1134594	9
（2）中专、技校课本	5683	1417	1	5093	1	647879	129	126391	17
（3）中学课本	6015	662	4800	151823	79084	11724114	6569522	1235633	662986
（4）小学课本	5530	856	3383	133116	60672	7350399	3693986	877150	401186
（5）业余教育课本	2638	931	1	2415	2	401364	104	99465	15
（6）扫盲课本	4	3		62		6787		2909	
（7）教学用书	4307	841	230	2800	87	369814	11092	89522	2878

全国课本出版数量与去年相比增减百分比

	种数		租型种数	总印数		总印张		定价总金额	
	合计	新版		合计	租型	合计	租型	合计	租型
课本合计	**-2.71**	**-13.03**	**-5.26**	**-0.63**	**3.02**	**-1.65**	**2.96**	**0.43**	**3.98**
（1）大专及以上课本	-1.33	-12.73	-50.00	-2.90		-3.09	-37.21	1.88	-35.71
（2）中专、技校课本	-13.63	-22.82		-23.96	-75.00	-24.00	-77.49	-20.69	-66.00
（3）中学课本	-6.63	-17.87	-7.51	-0.82	3.02	-1.66	2.33	-0.61	4.32
（4）小学课本	-3.19	-10.65	-2.39	1.33	3.45	1.51	4.54	2.31	3.85
（5）业余教育课本	-13.31	-27.44		-6.25	-60.00	-2.03	-63.51	-0.60	-64.29
（6）扫盲课本	33.33			17488.65		39823.53		96866.67	
（7）教学用书	8.68	38.32	3.60	1.16	-73.07	9.19	-55.69	16.81	-34.01

课本出版数量

中央出版社

	种数（种）		租型种数（种）	总印数（万册、张）		总印张（千印张）		定价总金额（万元）	
	合计	新版		合计	租型	合计	租型	合计	租型
课本合计	**50503**	**12316**	**7**	**87709**	**231**	**8955825**	**16100**	**1497722**	**1643**
（1）大专及以上课本	39931	9982		21705		3937883		822547	
（2）中专、技校课本	4515	1072		4289		552225		105590	
（3）中学课本	1686	176	7	37494	231	2735180	16100	290451	1643
（4）小学课本	1092	172		20736		1190400		143005	
（5）业余教育课本	1888	635		1755		294311		76620	
（6）扫盲课本									
（7）教学用书	1391	279		1730		245826		59509	

课本出版数量与去年相比增减百分比

中央出版社

	种数		租型种数	总印数		总印张		定价总金额	
	合计	新版		合计	租型	合计	租型	合计	租型
课本合计	**-2.29**	**-14.76**	**-65.00**	**-5.23**	**16.67**	**-5.04**	**9.04**	**-1.29**	**11.39**
（1）大专及以上课本	-0.66	-15.43		-0.09		-1.26		3.40	
（2）中专、技校课本	-14.10	-14.72		-26.91		-26.63		-23.77	
（3）中学课本	-9.65	-11.11	-56.25	-5.98	16.67	-6.65	9.52	-8.07	12.30
（4）小学课本	1.02	12.42		-4.71		-5.22		-1.24	
（5）业余教育课本	-8.88	-21.60		-7.53		-2.26		0.41	
（6）扫盲课本									
（7）教学用书	14.86	22.91	-100.00	22.00		21.11	-100.00	28.64	-100.00

课本出版数量

地方出版社

	种数（种）		租型种数（种）	总印数（万册、张）		总印张（千印张）		定价总金额（万元）	
	合计	新版		合计	租型	合计	租型	合计	租型
课本合计	**36088**	**11460**	**8410**	**237903**	**139615**	**16862292**	**10258787**	**2067942**	**1065448**
（1）大专及以上课本	22483	9084	2	8598		1379877	54	312047	9
（2）中专、技校课本	1168	345	1	804	1	95654	129	20801	17
（3）中学课本	4329	486	4793	114329	78853	8988934	6553422	945182	661343
（4）小学课本	4438	684	3383	112380	60672	6159999	3693986	734145	401186
（5）业余教育课本	750	296	1	660	2	107053	104	22845	15
（6）扫盲课本	4	3		62		6787		2909	
（7）教学用书	2916	562	230	1070	87	123988	11092	30013	2878

课本出版数量与去年相比增减百分比

地方出版社

	种数		租型种数	总印数		总印张		定价总金额	
	合计	新版		合计	租型	合计	租型	合计	租型
课本合计	**-3.29**	**-11.09**	**-5.12**	**1.17**	**3.00**	**0.25**	**2.95**	**1.72**	**3.97**
（1）大专及以上课本	-2.50	-9.55	-50.00	-9.33		-7.95	-37.21	-1.93	-35.71
（2）中专、技校课本	-11.78	-40.41		-3.13	-75.00	-4.22	-77.49	-0.24	-66.00
（3）中学课本	-5.40	-20.07	-7.36	1.00	2.99	-0.03	2.32	1.93	4.31
（4）小学课本	-4.17	-15.03	-2.39	2.53	3.45	2.93	4.54	3.03	3.85
（5）业余教育课本	-22.76	-37.42		-2.65	-60.00	-1.38	-63.51	-3.88	-64.29
（6）扫盲课本	33.33			17488.65		39823.53		96866.67	
（7）教学用书	5.96	47.51	5.50	-20.74	-73.07	-8.64	-55.58	-1.20	-33.82

全国各地区课本出版总量

	课本合计								
	种数（种）		租型种数（种）	总印数（万册、张）		总印张（千印张）		定价总金额（万元）	
	合计	新版		合计	租型	合计	租型	合计	租型
全国总计	**86591**	**23776**	**8417**	**325612**	**139846**	**25818117**	**10274887**	**3565664**	**1067091**
中　央	**50503**	**12316**	**7**	**87709**	**231**	**8955825**	**16100**	**1497722**	**1643**
地　方	**36088**	**11460**	**8410**	**237903**	**139615**	**16862292**	**10258787**	**2067942**	**1065448**
北　京	1050	411		1911		166368		27418	
天　津	421	121	201	1365	1111	101293	78959	13232	8476
河　北	303	45	199	12291	6260	824210	480819	87316	46877
山　西	137	31	256	4800	3638	324289	273434	37960	29922
内蒙古	855	104	292	4025	2786	295565	212297	28915	21083
辽　宁	2808	680	331	6112	2957	466895	223986	68586	23033
吉　林	1126	716	297	4357	2860	301780	208240	36184	20944
黑龙江	1011	528	391	3673	2994	257434	211719	33156	23486
上　海	6173	1704	2	13520	39	1179994	2468	200449	356
江　苏	3401	998	280	19793	7076	1363445	480353	167743	49462
浙　江	1363	309	285	12292	7841	816919	547002	99334	57562
安　徽	873	291	444	9439	7528	688156	577361	87314	64035
福　建	404	143	199	5126	3437	348276	252098	42494	25056
江　西	327	119	234	7007	6351	555139	509444	56116	48314
山　东	1310	376	366	17800	9774	1103676	589159	134215	70424
河　南	1182	464	263	14542	10579	1050879	840612	115924	79736
湖　北	2254	836	361	8141	6196	656787	472552	83776	50656
湖　南	976	324	351	14638	9982	902621	667473	121586	77716
广　东	1625	466	173	18229	7485	1225326	581315	144479	54947
广　西	442	77	314	10210	6688	671614	502275	68431	48000
海　南	21		207	1246	1121	80866	75892	9331	8659
重　庆	1882	526	291	6718	3018	439984	210255	64208	26030
四　川	2347	1058	439	9319	7079	732469	526024	89744	56968
贵　州	118		267	6319	5568	457887	427179	44963	40862
云　南	180	56	255	7399	5693	518676	442188	51550	41522
西　藏	136	1	258	1045	713	73372	51247	8912	6314
陕　西	1926	944	439	6367	3507	483170	255301	62356	27349
甘　肃	72	29	238	2993	2941	237177	233567	21930	21646
青　海	157	6	222	905	742	70764	56644	6759	5882
宁　夏	4	1	191	841	817	63390	60783	7582	7181
新　疆	1204	96	364	5480	2834	403871	208141	45979	22950
兵　团									

全国各地区各类课本出版数量

	大专及以上课本								
	种数（种）		租型种数（种）	总印数（万册、张）		总印张（千印张）		定价总金额（万元）	
	合计	新版		合计	租型	合计	租型	合计	租型
全国总计	**62414**	**19066**	**2**	**30303**		**5317760**	**54**	**1134594**	**9**
中　　央	**39931**	**9982**		**21705**		**3937883**		**822547**	
地　　方	**22483**	**9084**	**2**	**8598**		**1379877**	**54**	**312047**	**9**
北　　京	481	313		165		28757		5872	
天　　津	364	113		81		12873		2905	
河　　北	15	5		5		915		157	
山　　西	2	1		6		849		115	
内 蒙 古	77	30		19		3411		521	
辽　　宁	2261	511		769		123505		27318	
吉　　林	702	641		199		33454		8193	
黑 龙 江	855	480		154		25321		5598	
上　　海	3789	1304		3218		511824		116168	
江　　苏	2485	860		754		115476		26543	
浙　　江	808	151		185		29864		6445	
安　　徽	574	235		176		27608		6075	
福　　建	272	113		119		20921		7047	
江　　西	196	94		66		10834		2042	
山　　东	458	192		180		27797		5845	
河　　南	851	389		218		35054		7383	
湖　　北	1946	768		530		93522		20045	
湖　　南	655	294		220		33643		8902	
广　　东	785	282		163		27287		6255	
广　　西	82	6		79		10439		1931	
海　　南									
重　　庆	1148	386		307		48891		11547	
四　　川	1891	972		438		67526		15757	
贵　　州	16			7		1284		233	
云　　南	10	10		1		172		45	
西　　藏									
陕　　西	1704	910	2	532		87473	54	18877	9
甘　　肃	56	24		7		1177		228	
青　　海									
宁　　夏									
新　　疆									
兵　　团									

全国各地区各类课本出版数量（续表 1）

	中专、技校课本								
	种数（种）		租型种数（种）	总印数（万册、张）		总印张（千印张）		定价总金额（万元）	
	合计	新版		合计	租型	合计	租型	合计	租型
全国总计	**5683**	**1417**	**1**	**5093**	**1**	**647879**	**129**	**126391**	**17**
中　　央	**4515**	**1072**		**4289**		**552225**		**105590**	
地　　方	**1168**	**345**	**1**	**804**	**1**	**95654**	**129**	**20801**	**17**
北　　京	31	5		9		1053		225	
天　　津									
河　　北									
山　　西									
内 蒙 古									
辽　　宁	32	3		5		731		141	
吉　　林	1		1	1	1	137	129	19	17
黑 龙 江									
上　　海	294	72		173		20758		4294	
江　　苏	130	24		297		34792		7407	
浙　　江	55	21		71		7333		1427	
安　　徽	9	2		2		202		45	
福　　建									
江　　西	18	3		5		708		146	
山　　东	4	4		14		1173		275	
河　　南	8			4		433		91	
湖　　北	94	15		23		3131		681	
湖　　南	19	3		11		942		157	
广　　东	74	16		33		4633		838	
广　　西	49	24		29		2860		680	
海　　南									
重　　庆	247	88		86		9998		2781	
四　　川	88	57		37		6070		1433	
贵　　州									
云　　南	1					10		4	
西　　藏									
陕　　西	12	8		4		658		151	
甘　　肃	2					32		6	
青　　海									
宁　　夏									
新　　疆									
兵　　团									

全国各地区各类课本出版数量（续表2）

	中学课本								
	种数（种）		租型种数（种）	总印数（万册、张）		总印张（千印张）		定价总金额（万元）	
	合计	新版		合计	租型	合计	租型	合计	租型
全国总计	**6015**	**662**	**4800**	**151823**	**79084**	**11724114**	**6569522**	**1235633**	**662986**
中　　央	**1686**	**176**	**7**	**37494**	**231**	**2735180**	**16100**	**290451**	**1643**
地　　方	**4329**	**486**	**4793**	**114329**	**78853**	**8988934**	**6553422**	**945182**	**661343**
北　　京	113	27		414		30393		4765	
天　　津	16		109	689	610	54057	48791	5506	5019
河　　北	51	6	102	5141	3718	436697	321596	42045	30090
山　　西	57	12	153	2790	2141	211105	182837	24200	19988
内 蒙 古	359	24	192	2228	1615	188580	139366	17499	13159
辽　　宁	114	32	152	2614	1980	203499	169157	20606	15887
吉　　林	198	27	169	2191	1788	170201	148705	16764	14348
黑 龙 江	30	5	227	2011	1822	153005	144633	17686	15872
上　　海	657	53		5047		381234		42086	
江　　苏	224	10	129	9707	4359	686553	328258	63913	30575
浙　　江	157	39	168	5791	4044	468992	338901	48034	32750
安　　徽	111	13	282	4970	4483	414880	389819	48946	42618
福　　建	21	4	90	1940	1653	157095	141295	15526	13264
江　　西	57	11	161	3884	3539	345680	322948	33451	29897
山　　东	253	55	215	8894	5541	619778	357522	70263	42372
河　　南	82	21	171	7869	6454	648056	575756	62402	52932
湖　　北	57	2	177	3526	3220	305769	284048	34047	30697
湖　　南	80	1	222	7608	5814	522993	419915	65994	50766
广　　东	356	64	80	8253	3632	652405	320421	71156	29750
广　　西	137	10	176	4824	3577	369095	307783	34795	27917
海　　南	13		103	640	558	46545	43075	5215	4786
重　　庆	151	14	169	2579	1761	174691	137401	24146	17927
四　　川	98	6	237	5236	4062	432056	340287	46266	36849
贵　　州	48		166	3314	3025	280254	265181	26128	24221
云　　南	51	4	130	3568	2978	303450	268456	27977	23931
西　　藏	16		140	465	404	39244	32892	4560	3957
陕　　西	89	7	273	2491	1865	208110	163009	21662	16141
甘　　肃	8	3	150	1915	1906	168512	167962	15100	15069
青　　海	84	4	131	489	418	45032	36457	4258	3753
宁　　夏	3	1	123	453	439	39201	37477	4631	4362
新　　疆	638	31	196	2788	1447	231772	119474	25555	12446
兵　　团									

全国各地区各类课本出版数量（续表3）

	小学课本								
	种数（种）		租型种数（种）	总印数（万册、张）		总印张（千印张）		定价总金额（万元）	
	合计	新版		合计	租型	合计	租型	合计	租型
全国总计	**5530**	**856**	**3383**	**133116**	**60672**	**7350399**	**3693986**	**877150**	**401186**
中　　央	**1092**	**172**		**20736**		**1190400**		**143005**	
地　　方	**4438**	**684**	**3383**	**112380**	**60672**	**6159999**	**3693986**	**734145**	**401186**
北　　京	187	22		1199		66082		10280	
天　　津	15		92	590	501	34123	30168	3984	3456
河　　北	135	22	97	7106	2541	381485	159222	43849	16787
山　　西	74	14	103	2003	1497	112268	90597	13637	9935
内 蒙 古	272	34	100	1768	1172	102028	72931	10721	7924
辽　　宁	186	27	162	2632	975	129432	54511	17683	7046
吉　　林	171	26	125	1952	1070	95896	59390	10832	6575
黑 龙 江	34	4	138	1475	1171	75852	66888	9338	7594
上　　海	538	71	2	4578	39	203859	2468	25801	356
江　　苏	188	33	69	8707	2653	484835	143867	60046	16578
浙　　江	188	58	108	6110	3796	295399	208003	38538	24802
安　　徽	130	22	153	4271	3044	243106	187429	31624	21380
福　　建	75	22	109	3054	1785	169297	110803	19663	11792
江　　西	50	7	73	3048	2812	197260	186496	20329	18416
山　　东	305	52	151	8637	4233	445626	231637	55661	28052
河　　南	107	22	92	6378	4126	357541	264856	43069	26805
湖　　北	109	8	146	4041	2967	252094	187466	28402	19771
湖　　南	85	8	129	6720	4168	336951	247558	42859	26951
广　　东	241	79	79	9735	3849	535760	260311	64777	25048
广　　西	130	16	138	5266	3111	288075	194493	30659	20083
海　　南	8		104	606	563	34322	32817	4117	3872
重　　庆	278	28	122	3694	1257	200217	72854	23458	8103
四　　川	115	2	202	3562	3017	221676	185737	24698	20119
贵　　州	53		101	2996	2543	176152	161998	18572	16641
云　　南	113	38	125	3827	2714	214866	173733	23481	17591
西　　藏	68	1	102	565	306	32630	18050	4219	2333
陕　　西	100	9	163	3331	1639	186181	92134	21484	11184
甘　　肃	3		88	1040	1036	65809	65605	6578	6576
青　　海	46		91	413	323	25536	20187	2492	2129
宁　　夏	1		68	388	378	24190	23305	2951	2819
新　　疆	433	59	151	2688	1386	171451	88472	20343	10468
兵　　团									

全国各地区各类课本出版数量（续表4）

	业余教育课本								
	种数（种）		租型种数（种）	总印数（万册、张）		总印张（千印张）		定价总金额（万元）	
	合计	新版		合计	租型	合计	租型	合计	租型
全国总计	**2638**	**931**	**1**	**2415**	**2**	**401364**	**104**	**99465**	**15**
中　央	**1888**	**635**		**1755**		**294311**		**76620**	
地　方	**750**	**296**	**1**	**660**	**2**	**107053**	**104**	**22845**	**15**
北　京	88	23		102		36792		5220	
天　津									
河　北									
山　西									
内蒙古									
辽　宁	145	91		83		8767		2577	
吉　林	5	2		2		318		67	
黑龙江									
上　海	139	46		162		26016		6300	
江　苏	120	37		71		9159		2365	
浙　江	13	7		33		3285		368	
安　徽	40	19		17		2076		548	
福　建	9			2		298		58	
江　西									
山　东	14	6		7		813		190	
河　南	84	19		62		8329		1897	
湖　北	3	3				46		7	
湖　南	4	3		1		99		21	
广　东	6			2		193		142	
广　西	26	16		10		977		304	
海　南									
重　庆	2	1		35		4005		1343	
四　川	46	18		37		4010		1380	
贵　州									
云　南	1	1		1		84		14	
西　藏									
陕　西	2	2	1	2	2	139	104	26	15
甘　肃	3	2		31		1647		18	
青　海									
宁　夏									
新　疆									
兵　团									

全国各地区各类课本出版数量（续表 5）

	扫盲课本								
	种数（种）		租型种数（种）	总印数（万册、张）		总印张（千印张）		定价总金额（万元）	
	合计	新版		合计	租型	合计	租型	合计	租型
全国总计	**4**	**3**		**62**		**6787**		**2909**	
中　　央									
地　　方	**4**	**3**		**62**		**6787**		**2909**	
北　　京									
天　　津									
河　　北									
山　　西									
内 蒙 古									
辽　　宁									
吉　　林									
黑 龙 江									
上　　海									
江　　苏									
浙　　江				60		6692		2880	
安　　徽									
福　　建									
江　　西									
山　　东									
河　　南									
湖　　北									
湖　　南									
广　　东									
广　　西									
海　　南									
重　　庆									
四　　川									
贵　　州									
云　　南	4	3		2		95		29	
西　　藏									
陕　　西									
甘　　肃									
青　　海									
宁　　夏									
新　　疆									
兵　　团									

全国各地区各类课本出版数量（续表6）

	教学用书								
	种数（种）		租型种数（种）	总印数（万册、张）		总印张（千印张）		定价总金额（万元）	
	合计	新版		合计	租型	合计	租型	合计	租型
全国总计	**4307**	**841**	**230**	**2800**	**87**	**369814**	**11092**	**89522**	**2878**
中　央	**1391**	**279**		**1730**		**245826**		**59509**	
地　方	**2916**	**562**	**230**	**1070**	**87**	**123988**	**11092**	**30013**	**2878**
北　京	150	21		22		3291		1056	
天　津	26	8		5		240		837	
河　北	102	12		39		5113		1265	
山　西	4	4		1		68		8	
内蒙古	147	16		10		1546		174	
辽　宁	70	16	17	9	2	962	318	262	100
吉　林	49	20	2	11		1775	15	310	3
黑龙江	92	39	26	33	1	3255	198	535	20
上　海	756	158		341		36302		5799	
江　苏	254	34	82	257	64	32628	8228	7467	2310
浙　江	142	33	9	42	1	5355	99	1641	10
安　徽	9		9	2	1	284	113	77	37
福　建	27	4		11		665		201	
江　西	6	4		4		658		148	
山　东	276	67		70		8488		1979	
河　南	50	13		12		1465		1083	
湖　北	45	40	38	21	10	2226	1038	595	187
湖　南	133	15		79		7992		3652	
广　东	163	25	14	43	4	5048	583	1308	150
广　西	18	5		2		167		62	
海　南									
重　庆	56	9		17		2183		933	
四　川	109	3		8		1130		211	
贵　州	1			2		196		29	
云　南									
西　藏	52		16	15	3	1497	305	134	25
陕　西	19	8		7		610		157	
甘　肃									
青　海	27	2		3		196		9	
宁　夏									
新　疆	133	6	17	4	1	648	195	81	36
兵　团									

在地方图书出版数量中各省（自治区、直辖市）所占百分比

	种数		租型种数	总印数			总印张			定价总金额		
	合计	新版		合计	新版	租型	合计	新版	租型	合计	新版	租型
地　　方	**100.00**	**100.00**	**100.00**	**100.00**	**100.00**	**100.00**	**100.00**	**100.00**	**100.00**	**100.00**	**100.00**	**100.00**
北　　京	4.66	4.51		4.00	4.91		4.37	5.09		5.58	5.97	
天　　津	2.52	3.31	1.87	1.18	1.86	0.75	1.30	2.08	0.71	1.92	2.68	0.73
河　　北	3.19	1.92	3.42	4.30	3.50	4.61	4.12	2.96	4.83	3.87	2.51	4.57
山　　西	1.14	1.44	2.37	1.59	2.24	2.49	1.94	3.63	2.53	1.50	2.06	2.66
内 蒙 古	1.10	1.02	3.30	0.88	0.46	2.04	0.88	0.44	2.37	0.61	0.51	2.28
辽　　宁	3.54	3.15	3.20	2.55	2.44	1.92	2.73	2.62	2.01	2.75	2.55	1.97
吉　　林	9.19	10.05	5.67	4.04	5.78	2.42	4.47	6.00	2.77	5.19	5.59	2.72
黑 龙 江	2.44	3.66	5.13	1.29	1.71	2.36	1.41	1.77	2.56	1.26	1.50	2.67
上　　海	8.98	8.71	0.05	6.18	8.35	0.20	6.99	8.58	0.12	9.30	10.71	0.20
江　　苏	9.34	8.28	3.87	9.30	10.14	5.47	8.52	8.88	4.85	8.53	9.03	4.96
浙　　江	4.68	4.68	4.13	5.83	7.13	5.51	5.44	6.32	5.21	5.89	6.71	5.40
安　　徽	3.15	3.19	4.10	4.49	4.70	4.77	4.38	3.97	5.10	3.91	3.65	5.28
福　　建	1.39	1.67	1.86	1.58	1.52	2.35	1.59	1.67	2.32	1.50	1.78	2.23
江　　西	2.58	2.98	2.13	3.31	3.48	4.03	2.76	2.86	4.49	2.79	2.98	3.98
山　　东	5.53	4.16	6.47	8.12	5.91	9.27	6.79	4.96	6.95	5.90	4.53	8.11
河　　南	3.07	3.47	2.55	4.02	3.21	7.04	3.99	2.98	7.62	2.98	2.78	6.89
湖　　北	4.40	4.86	3.72	3.36	4.06	4.16	3.51	4.21	4.32	3.56	4.34	4.50
湖　　南	3.95	3.18	4.03	6.71	5.55	6.66	7.16	6.34	6.26	6.92	5.97	6.88
广　　东	3.19	3.30	1.58	4.41	2.84	4.74	4.31	2.99	5.13	3.44	3.01	4.53
广　　西	2.37	1.91	4.70	4.24	2.50	4.88	3.92	2.54	5.01	3.30	2.57	4.65
海　　南	1.33	1.11	2.04	0.89	0.68	0.85	0.80	0.76	0.75	0.79	0.75	0.79
重　　庆	1.72	1.45	2.72	1.98	1.80	2.07	1.68	1.70	1.94	1.61	1.53	2.33
四　　川	4.31	5.44	4.11	4.27	4.84	4.49	4.17	4.45	4.65	4.12	5.00	4.70
贵　　州	0.34	0.50	5.65	1.34	0.32	4.76	1.28	0.51	4.89	0.81	0.45	4.77
云　　南	2.58	2.91	2.86	2.40	2.61	3.89	2.61	2.95	4.25	2.06	2.22	3.86
西　　藏	0.20	0.21	2.61	0.22	0.07	0.53	0.19	0.08	0.52	0.14	0.09	0.59
陕　　西	3.63	3.74	4.30	2.74	2.24	2.44	3.11	2.70	2.40	3.53	2.86	2.47
甘　　肃	1.13	1.31	2.35	1.14	0.84	1.95	1.06	0.88	2.09	0.89	0.82	1.81
青　　海	0.19	0.19	2.03	0.15	0.05	0.47	0.16	0.08	0.50	0.10	0.09	0.48
宁　　夏	1.15	1.06	1.74	0.85	1.18	0.52	1.17	1.38	0.54	1.40	1.18	0.59
新　　疆	2.85	2.40	5.45	2.58	2.97	2.36	3.07	3.47	2.31	3.68	3.39	2.41
兵　　团	0.14	0.20		0.07	0.12		0.10	0.15		0.16	0.17	

	图书总计					使用《中国标				
						书　籍				
	种数（种）		印数（万册、张）	印张（千印张）	总定价（万元）	种数（种）		印数（万册、张）	印张（千印张）	总定价（万元）
	合计	新版				合计	新版			
全国总计	**512487**	**255106**	**924399**	**80803506**	**17312528**	**425616**	**231173**	**596878**	**54902369**	**13701237**
中　　央	**203354**	**102810**	**239988**	**27085025**	**6346050**	**152727**	**90418**	**150579**	**18060122**	**4808676**
地　　方	**309133**	**152296**	**684411**	**53718481**	**10966478**	**272889**	**140755**	**446299**	**36842247**	**8892561**
北　　京	14411	6875	27407	2345519	611547	13360	6463	25496	2179150	584121
天　　津	7803	5035	8081	698380	210858	7382	4914	6716	597087	197626
河　　北	9857	2924	29436	2210994	424793	9554	2879	17145	1386784	337477
山　　西	3517	2192	10899	1041129	164770	3380	2161	6099	716840	126810
内 蒙 古	3411	1554	6018	474596	66941	2556	1450	1993	179031	38026
辽　　宁	10940	4796	17449	1468111	301052	8131	4116	11336	1001194	232459
吉　　林	28397	15299	27652	2402606	568713	27271	14583	23295	2100826	532529
黑 龙 江	7549	5577	8837	755820	137922	6538	5049	5164	498386	104766
上　　海	27772	13262	42315	3752941	1020094	21588	11547	28792	2572936	819532
江　　苏	28864	12610	63660	4574636	935732	25389	11602	43806	3208434	766771
浙　　江	14462	7135	39919	2921821	646018	13047	6778	27536	2096376	542825
安　　徽	9745	4864	30704	2352866	428737	8872	4573	21265	1664710	341423
福　　建	4289	2545	10809	856126	163964	3885	2402	5683	507783	121470
江　　西	7982	4546	22657	1484655	306215	7655	4427	15650	929516	250099
山　　东	17109	6334	55543	3649265	647029	15798	5957	37743	2545573	512782
河　　南	9497	5283	27498	2143038	326836	8315	4819	12956	1092159	210912
湖　　北	13590	7404	22973	1883288	390504	11336	6568	14832	1226501	306728
湖　　南	12219	4844	45901	3848415	759020	11243	4520	31263	2945794	637434
广　　东	9868	5031	30202	2316856	377103	8242	4565	11968	1091463	232530
广　　西	7319	2909	29022	2107198	362315	6876	2832	18812	1435539	293871
海　　南	4098	1685	6071	430645	86210	4077	1685	4800	349371	76784
重　　庆	5320	2208	13533	904518	176209	3438	1682	6815	464534	112001
四　　川	13329	8287	29197	2241653	452335	10982	7229	19878	1509184	362591
贵　　州	1062	769	9151	686506	89358	944	769	2832	228619	44395
云　　南	7972	4438	16423	1403448	226234	7788	4382	9023	884754	174677
西　　藏	622	327	1483	103492	15477	486	326	438	30120	6565
陕　　西	11220	5692	18748	1670173	387603	9294	4748	12381	1187003	325247
甘　　肃	3480	1998	7822	568365	97304	3398	1959	4807	329201	74849
青　　海	599	296	1054	87980	11420	442	290	149	17216	4661
宁　　夏	3570	1617	5837	628680	153350	3566	1616	4996	565290	145768
新　　疆	8814	3655	17637	1649748	403454	7610	3559	12157	1245860	357471
兵　　团	446	305	473	55013	17361	446	305	473	55013	17361

数量（书籍、课本、图片）

准书号》部分					不使用《中国标准书号》部分——图片合计					附：活页文选影印书等用纸		
课　本												
种数（种）		印数（万册、张）	印张（千印张）	总定价（万元）	种数（种）		印数（万册、张）	印张（千印张）	总定价（万元）	印数（万册、张）	印张（千印张）	总定价（万元）
合计	新版				合计	新版						
86591	**23776**	**325612**	**25818117**	**3565664**	**280**	**157**	**251**	**6415**	**5089**	**1658**	**76605**	**40538**
50503	**12316**	**87709**	**8955825**	**1497722**	**124**	**76**	**209**	**4853**	**4113**	**1491**	**64225**	**35539**
36088	**11460**	**237903**	**16862292**	**2067942**	**156**	**81**	**42**	**1562**	**976**	**167**	**12380**	**4999**
1050	411	1911	166368	27418	1	1		1	8			
421	121	1365	101293	13232								
303	45	12291	824210	87316								
137	31	4800	324289	37960								
855	104	4025	295565	28915								
2808	680	6112	466895	68586	1		1	5	4		17	3
1126	716	4357	301780	36184								
1011	528	3673	257434	33156								
6173	1704	13520	1179994	200449	11	11	2	3	79	1	8	34
3401	998	19793	1363445	167743	74	10	28	1174	503	33	1583	715
1363	309	12292	816919	99334	52	48	7	231	279	84	8295	3580
873	291	9439	688156	87314								
404	143	5126	348276	42494							67	
327	119	7007	555139	56116								
1310	376	17800	1103676	134215	1	1		16	32			
1182	464	14542	1050879	115924								
2254	836	8141	656787	83776								
976	324	14638	902621	121586								
1625	466	18229	1225326	144479	1		2	4	5	3	63	89
442	77	10210	671614	68431	1			45	13			
21		1246	80866	9331						25	408	95
1882	526	6718	439984	64208								
2347	1058	9319	732469	89744								
118		6319	457887	44963								
180	56	7399	518676	51550	4		1	18	7			
136	1	1045	73372	8912								
1926	944	6367	483170	62356								
72	29	2993	237177	21930	10	10	1	65	46	21	1922	479
157	6	905	70764	6759								
4	1	841	63390	7582								
1204	96	5480	403871	45979							17	4

使用《中国标准书号》各类图书的平均印数、平均印张、平均定价和平均印张定价

全　国

	平均印数（万册/种）			平均印张（印张/册）			平均定价（元/册）			平均印张定价（元/印张）		
	新版	重印	租型	新版	重印	租型	新版	重印	租型	新版	重印	租型
使用《标准书号》部分合计	**0.89**	**2.09**	**14.19**	**10.15**	**8.62**	**7.19**	**30.40**	**17.04**	**7.73**	**3.00**	**1.98**	**1.08**
A 马列主义、毛泽东思想	0.32	3.57		17.25	16.44		60.61	27.42		3.51	1.67	
B 哲学	0.52	0.94		13.79	13.80		47.94	36.59		3.48	2.65	
C 社会科学总论	0.37	0.64	1.60	15.39	15.79	15.25	51.88	37.18	48.00	3.37	2.35	3.15
D 政治、法律	1.16	0.77	73.39	13.18	13.33	3.42	33.83	30.24	7.18	2.57	2.27	2.10
E 军事	0.50	0.83		13.02	12.28		40.03	31.09		3.07	2.53	
F 经济	0.40	0.49		16.29	16.99		51.35	38.83		3.15	2.29	
G 文化、科学、教育、体育	1.51	3.27	13.80	8.10	7.43	7.33	19.27	13.21	7.75	2.38	1.78	1.06
H 语言、文字	0.84	1.41		11.53	13.79		35.28	31.20		3.06	2.26	
I 文学	0.89	2.05	0.32	10.32	10.91	10.01	32.47	24.98	21.11	3.15	2.29	2.11
J 艺术	0.58	1.00	0.45	8.33	8.19	36.38	49.43	24.96	69.00	5.93	3.05	1.90
K 历史、地理	0.51	1.02		15.58	13.47		68.39	36.67		4.39	2.72	
N 自然科学总论	0.67	0.73		8.79	13.16		52.24	39.50		5.95	3.00	
O 数理科学、化学	0.43	0.44	0.15	15.33	16.06	34.95	41.39	33.41	58.00	2.70	2.08	1.66
P 天文学、地球科学	0.38	0.53		12.81	11.97		58.56	38.59		4.57	3.22	
Q 生物科学	0.50	0.62		9.57	13.72		47.62	36.09		4.98	2.63	
R 医药、卫生	0.38	0.57	0.34	17.62	17.25	11.16	58.38	41.91	30.86	3.31	2.43	2.76
S 农业科学	0.28	0.46		10.77	10.62		45.94	26.24		4.27	2.47	
T 工业技术	0.32	0.33		16.88	18.10		59.52	41.47		3.53	2.29	
U 交通运输	0.33	0.50		12.77	13.72		46.75	36.90		3.66	2.69	
V 航空、航天	0.27	0.38		13.63	11.97		66.50	39.95		4.88	3.34	
X 环境科学	0.40	0.41		8.82	11.01		36.92	28.13		4.19	2.56	
Z 综合性图书	0.39	1.85		14.35	10.83		73.36	37.51		5.11	3.46	

使用《中国标准书号》各类图书的平均印数、平均印张、平均定价和平均印张定价（续表1）

中　央

	平均印数（万册/种）			平均印张（印张/册）			平均定价（元/册）			平均印张定价（元/印张）		
	新版	重印	租型	新版	重印	租型	新版	重印	租型	新版	重印	租型
使用《标准书号》部分合计	**0.75**	**1.60**	**2.62**	**12.61**	**10.73**	**7.66**	**38.45**	**20.71**	**18.10**	**3.05**	**1.93**	**2.36**
A 马列主义、毛泽东思想	0.33	4.92		16.10	16.69		65.19	27.41		4.05	1.64	
B 哲学	0.51	1.00		14.18	14.40		50.41	37.64		3.55	2.61	
C 社会科学总论	0.38	0.67		15.61	16.06		55.36	37.08		3.55	2.31	
D 政治、法律	1.42	0.72		13.16	14.30		33.03	33.71		2.51	2.36	
E 军事	0.54	0.43		12.51	17.06		41.51	56.88		3.32	3.33	
F 经济	0.46	0.52		16.43	16.95		51.00	39.22		3.10	2.31	
G 文化、科学、教育、体育	1.58	4.73	2.62	9.38	8.14	7.66	21.07	12.49	18.10	2.25	1.53	2.36
H 语言、文字	0.85	1.58		12.94	14.63		39.92	32.80		3.08	2.24	
I 文学	0.76	1.78		11.10	15.24		37.45	30.16		3.38	1.98	
J 艺术	0.64	0.86		8.66	9.37		47.02	31.14		5.43	3.32	
K 历史、地理	0.57	1.04		18.39	13.86		74.27	40.11		4.04	2.89	
N 自然科学总论	0.91	0.55		7.52	17.48		48.81	48.66		6.49	2.78	
O 数理科学、化学	0.47	0.38		16.07	18.94		42.38	37.35		2.64	1.97	
P 天文学、地球科学	0.32	0.38		16.55	14.83		73.57	52.87		4.45	3.57	
Q 生物科学	0.42	0.40		12.68	20.38		63.69	51.51		5.02	2.53	
R 医药、卫生	0.43	0.57		19.66	19.30		64.15	44.06		3.26	2.28	
S 农业科学	0.29	0.33		11.36	12.47		49.58	31.68		4.37	2.54	
T 工业技术	0.34	0.33		17.76	18.87		60.94	42.55		3.43	2.25	
U 交通运输	0.30	0.53		14.18	13.88		52.75	37.29		3.72	2.69	
V 航空、航天	0.24	0.22		14.41	17.13		66.57	49.06		4.62	2.86	
X 环境科学	0.29	0.29		11.78	13.37		47.75	33.62		4.05	2.51	
Z 综合性图书	0.52	2.11		13.17	10.42		64.36	40.98		4.89	3.93	

使用《中国标准书号》各类图书的
平均印数、平均印张、平均定价和平均印张定价（续表2）

地　方

	平均印数（万册/种）			平均印张（印张/册）			平均定价（元/册）			平均印张定价（元/印张）		
	新版	重印	租型	新版	重印	租型	新版	重印	租型	新版	重印	租型
使用《标准书号》部分合计	**0.98**	**2.41**	**14.39**	**8.87**	**7.73**	**7.18**	**26.21**	**15.48**	**7.70**	**2.96**	**2.00**	**1.07**
A 马列主义、毛泽东思想	0.29	0.99		19.22	14.05		52.80	27.42		2.75	1.95	
B 哲学	0.54	0.85		13.35	12.81		45.22	34.87		3.39	2.72	
C 社会科学总论	0.36	0.57	1.60	15.10	15.16	15.25	47.29	37.40	48.00	3.13	2.47	3.15
D 政治、法律	0.48	0.93	73.39	13.31	10.80	3.42	39.93	21.17	7.18	3.00	1.96	2.10
E 军事	0.42	1.20		14.23	10.68		36.48	22.42		2.56	2.10	
F 经济	0.29	0.42		15.84	17.15		52.45	37.41		3.31	2.18	
G 文化、科学、教育、体育	1.49	2.96	14.00	7.77	7.19	7.32	18.81	13.45	7.71	2.42	1.87	1.05
H 语言、文字	0.83	1.17		10.17	12.23		30.82	28.25		3.03	2.31	
I 文学	0.94	2.13	0.32	10.06	9.81	10.01	30.77	23.65	21.11	3.06	2.41	2.11
J 艺术	0.55	1.08	0.45	8.16	7.67	36.38	50.66	22.28	69.00	6.21	2.90	1.90
K 历史、地理	0.47	0.99		13.19	12.98		63.37	32.33		4.80	2.49	
N 自然科学总论	0.46	0.89		10.89	10.85		57.98	34.59		5.32	3.19	
O 数理科学、化学	0.36	0.62	0.15	13.97	11.02	34.95	39.55	26.52	58.00	2.83	2.41	1.66
P 天文学、地球科学	0.51	0.74		8.36	9.80		40.72	27.69		4.87	2.83	
Q 生物科学	0.56	1.04		7.64	9.03		37.67	25.23		4.93	2.79	
R 医药、卫生	0.32	0.59	0.34	14.27	12.25	11.16	48.87	36.63	30.86	3.42	2.99	2.76
S 农业科学	0.27	0.81		9.88	8.46		40.42	19.91		4.09	2.35	
T 工业技术	0.29	0.37		14.82	14.95		56.20	37.03		3.79	2.48	
U 交通运输	0.41	0.36		10.61	12.82		37.58	34.67		3.54	2.70	
V 航空、航天	0.34	0.68		12.61	8.60		66.40	34.01		5.27	3.95	
X 环境科学	0.61	0.67		6.14	8.71		27.11	22.78		4.42	2.62	
Z 综合性图书	0.34	1.72		15.23	11.07		79.98	35.45		5.25	3.20	

各地区使用《中国标准书号》图书的平均印数、平均印张、平均定价和平均印张定价

使用《标准书号》部分合计

	平均印数（万册/种）			平均印张（印张/册）			平均定价（元/册）			平均印张定价（元/印张）		
	新版	重印	租型	新版	重印	租型	新版	重印	租型	新版	重印	租型
全国总计	**0.89**	**2.09**	**14.19**	**10.15**	**8.62**	**7.19**	**30.40**	**17.04**	**7.73**	**3.00**	**1.98**	**1.08**
中　　央	**0.75**	**1.60**	**2.62**	**12.61**	**10.73**	**7.66**	**38.45**	**20.71**	**18.10**	**3.05**	**1.93**	**2.36**
地　　方	**0.98**	**2.41**	**14.39**	**8.87**	**7.73**	**7.18**	**26.21**	**15.48**	**7.70**	**2.96**	**2.00**	**1.07**
北　　京	1.06	2.67		9.19	8.33		31.86	18.84		3.47	2.26	
天　　津	0.55	1.49	5.76	9.91	8.30	6.86	37.71	23.58	7.55	3.80	2.84	1.10
河　　北	1.78	2.44	19.40	7.48	7.51	7.53	18.79	16.01	7.62	2.51	2.13	1.01
山　　西	1.52	2.75	15.08	14.38	7.57	7.30	24.14	14.28	8.24	1.68	1.89	1.13
内 蒙 古	0.44	1.14	8.88	8.35	7.05	8.34	28.73	9.24	8.60	3.44	1.31	1.03
辽　　宁	0.76	1.76	8.65	9.55	8.28	7.52	27.49	16.45	7.87	2.88	1.99	1.05
吉　　林	0.56	1.16	6.15	9.20	8.52	8.21	25.36	20.85	8.63	2.76	2.45	1.05
黑 龙 江	0.46	1.30	6.62	9.15	9.07	7.79	23.01	18.26	8.72	2.51	2.01	1.12
上　　海	0.94	2.04	52.87	9.11	8.82	4.27	33.64	20.28	7.72	3.69	2.30	1.81
江　　苏	1.20	2.46	20.35	7.77	7.15	6.37	23.36	13.09	6.98	3.01	1.83	1.10
浙　　江	1.50	2.81	19.18	7.87	7.25	6.79	24.66	15.35	7.55	3.13	2.12	1.11
安　　徽	1.44	3.31	16.78	7.50	7.73	7.67	20.39	13.73	8.51	2.72	1.78	1.11
福　　建	0.89	2.77	18.18	9.72	7.72	7.09	30.73	13.93	7.29	3.16	1.81	1.03
江　　西	1.14	3.24	27.14	7.28	5.38	8.02	22.46	12.72	7.61	3.09	2.37	0.95
山　　东	1.39	2.98	20.62	7.45	6.87	5.39	20.10	11.57	6.73	2.70	1.68	1.25
河　　南	0.90	2.76	39.82	8.23	7.63	7.77	22.72	11.60	7.53	2.76	1.52	0.97
湖　　北	0.82	1.68	16.08	9.20	8.07	7.47	27.99	16.07	8.33	3.04	1.99	1.12
湖　　南	1.70	3.68	23.77	10.14	8.48	6.76	28.20	16.31	7.96	2.78	1.92	1.18
广　　东	0.84	3.82	43.27	9.33	7.25	7.77	27.77	11.07	7.34	2.98	1.53	0.95
广　　西	1.28	3.99	14.94	9.03	6.83	7.39	27.00	11.67	7.33	2.99	1.71	0.99
海　　南	0.60	1.53	6.01	9.82	6.66	6.32	28.82	12.82	7.15	2.93	1.92	1.13
重　　庆	1.22	2.44	10.96	8.33	6.08	6.73	22.24	11.64	8.65	2.67	1.91	1.29
四　　川	0.87	2.95	15.76	8.15	7.57	7.43	27.06	13.44	8.04	3.32	1.78	1.08
贵　　州	0.62	3.99	12.13	14.32	5.48	7.39	36.95	11.90	7.71	2.58	2.17	1.04
云　　南	0.88	1.81	19.55	10.03	8.31	7.86	22.34	14.47	7.63	2.23	1.74	0.97
西　　藏	0.32	1.85	2.92	10.66	6.15	7.06	34.86	8.50	8.65	3.27	1.38	1.23
陕　　西	0.59	2.09	8.18	10.70	9.00	7.07	33.52	21.27	7.77	3.13	2.36	1.10
甘　　肃	0.62	2.36	11.92	9.31	6.15	7.70	25.56	12.42	7.14	2.75	2.02	0.93
青　　海	0.25	0.78	3.34	13.84	8.84	7.64	48.75	7.95	7.93	3.52	0.90	1.04
宁　　夏	1.08	1.67	4.28	10.40	11.80	7.44	26.29	30.63	8.79	2.53	2.60	1.18
新　　疆	1.21	1.84	6.23	10.35	9.80	7.04	29.94	25.47	7.87	2.89	2.60	1.12
兵　　团	0.59	2.08		11.37	11.78		35.96	37.12		3.16	3.15	

各地区使用《中国标准书号》各类图书的平均印数、平均印张、平均定价和平均印张定价（续表1）

A　马克思主义、列宁主义、毛泽东思想

	平均印数（万册/种）			平均印张（印张/册）			平均定价（元/册）			平均印张定价（元/印张）		
	新版	重印	租型	新版	重印	租型	新版	重印	租型	新版	重印	租型
全国总计	**0.32**	**3.57**		**17.25**	**16.44**		**60.61**	**27.42**		**3.51**	**1.67**	
中　央	**0.33**	**4.92**		**16.10**	**16.69**		**65.19**	**27.41**		**4.05**	**1.64**	
地　方	**0.29**	**0.99**		**19.22**	**14.05**		**52.80**	**27.42**		**2.75**	**1.95**	
北　京	0.07	0.33		15.52	6.62		100.60	29.61		6.48	4.48	
天　津	0.19	0.37		14.13	14.64		35.42	28.51		2.51	1.95	
河　北	0.60	7.50		12.96	14.33		41.18	38.00		3.18	2.65	
山　西	0.05	0.50		13.00	32.01		36.00	98.00		2.77	3.06	
内蒙古	0.50			29.75			30.00			1.01		
辽　宁	0.26	0.70		20.94	16.62		55.71	37.48		2.66	2.25	
吉　林	0.27	0.88		10.97	15.66		26.72	22.32		2.44	1.43	
黑龙江	0.33			16.60			45.07			2.71		
上　海	0.18	0.26		21.42	18.48		69.05	50.88		3.22	2.75	
江　苏	0.28	0.62		14.01	12.06		35.42	24.57		2.53	2.04	
浙　江	0.35	0.60		12.70	18.80		33.50	42.00		2.64	2.23	
安　徽	0.10	0.21		20.12	16.92		56.51	35.37		2.81	2.09	
福　建	0.31	0.31		28.11	15.87		94.33	31.81		3.36	2.01	
江　西	0.14			14.42			33.89			2.35		
山　东	0.21	0.35		26.83	9.31		58.45	32.75		2.18	3.52	
河　南												
湖　北	0.19	0.10		15.09	20.88		35.97	42.00		2.38	2.01	
湖　南	0.12	0.29		16.23	18.11		48.98	37.06		3.02	2.05	
广　东	0.23	0.41		13.67	6.75		39.47	16.82		2.89	2.49	
广　西	1.46	1.50		21.20	10.11		66.68	25.33		3.14	2.51	
海　南												
重　庆	0.15			27.75			68.00			2.45		
四　川	0.34	0.39		24.79	20.24		49.53	38.17		2.00	1.89	
贵　州	0.10			13.75			66.00			4.80		
云　南	0.09			15.72			43.33			2.76		
西　藏												
陕　西	0.20	10.33		22.44	14.50		58.03	23.24		2.59	1.60	
甘　肃	0.11	0.20		13.81	15.74		45.43	25.00		3.29	1.59	
青　海												
宁　夏	0.04			16.00			36.80			2.30		
新　疆												
兵　团												

各地区使用《中国标准书号》各类图书的平均印数、平均印张、平均定价和平均印张定价（续表2）

B 哲 学

	平均印数（万册/种）			平均印张（印张/册）			平均定价（元/册）			平均印张定价（元/印张）		
	新版	重印	租型	新版	重印	租型	新版	重印	租型	新版	重印	租型
全国总计	**0.52**	**0.94**		**13.79**	**13.80**		**47.94**	**36.59**		**3.48**	**2.65**	
中　央	**0.51**	**1.00**		**14.18**	**14.40**		**50.41**	**37.64**		**3.55**	**2.61**	
地　方	**0.54**	**0.85**		**13.35**	**12.81**		**45.22**	**34.87**		**3.39**	**2.72**	
北　京	0.84	0.86		12.79	11.56		38.78	29.42		3.03	2.54	
天　津	0.91	7.94		9.85	11.15		32.21	32.74		3.27	2.94	
河　北	0.20	0.20		31.27	12.19		103.14	25.35		3.30	2.08	
山　西	0.19	0.88		18.13	18.56		79.57	50.66		4.39	2.73	
内蒙古	0.15	0.08		15.66	12.83		88.58	21.88		5.66	1.71	
辽　宁	0.36	0.52		13.56	15.09		40.16	30.45		2.96	2.02	
吉　林	0.50	0.45		15.22	12.32		39.11	27.21		2.57	2.21	
黑龙江	0.16	0.14		12.11	15.86		36.05	32.14		2.98	2.03	
上　海	0.44	0.59		14.77	16.35		53.13	42.04		3.60	2.57	
江　苏	1.04	0.92		11.70	13.32		41.08	32.55		3.51	2.44	
浙　江	0.40	0.90		14.53	13.13		70.12	45.38		4.82	3.46	
安　徽	0.28	0.40		14.15	11.51		38.83	22.47		2.74	1.95	
福　建	0.43	1.44		13.48	11.33		56.11	28.95		4.16	2.56	
江　西	0.70	1.10		11.91	9.95		33.14	23.54		2.78	2.37	
山　东	0.39	0.62		11.34	15.74		31.60	43.15		2.79	2.74	
河　南	0.39	0.54		17.85	9.27		96.09	18.96		5.38	2.05	
湖　北	0.41	0.59		11.48	13.51		41.55	31.21		3.62	2.31	
湖　南	0.37	1.56		11.80	14.21		45.42	19.42		3.85	1.37	
广　东	0.56	0.59		12.31	16.27		41.76	39.63		3.39	2.44	
广　西	0.50	1.56		18.33	7.58		53.30	27.29		2.91	3.60	
海　南	0.61	0.67		14.61	16.29		44.53	35.74		3.05	2.19	
重　庆	0.44	0.32		12.46	13.64		46.54	37.02		3.73	2.71	
四　川	0.82	1.22		14.20	13.59		49.96	57.00		3.52	4.19	
贵　州	0.17	0.14		17.18	9.66		48.03	147.89		2.80	15.31	
云　南	0.21	0.24		13.40	10.42		44.34	32.84		3.31	3.15	
西　藏	0.20	0.26		33.98	12.51		78.21	24.41		2.30	1.95	
陕　西	0.29	0.47		11.55	15.53		39.17	37.61		3.39	2.42	
甘　肃	0.22	0.61		26.08	8.62		199.49	58.01		7.65	6.73	
青　海	0.29	0.35		24.06	15.86		62.37	26.09		2.59	1.64	
宁　夏	0.24	0.23		13.52	13.90		34.69	29.14		2.57	2.10	
新　疆	0.22	0.51		11.13	5.26		25.06	19.82		2.25	3.77	
兵　团												

各地区使用《中国标准书号》各类图书的平均印数、平均印张、平均定价和平均印张定价（续表3）

C　社会科学总论

	平均印数（万册/种）			平均印张（印张/册）			平均定价（元/册）			平均印张定价（元/印张）		
	新版	重印	租型	新版	重印	租型	新版	重印	租型	新版	重印	租型
全国总计	**0.37**	**0.64**	**1.60**	**15.39**	**15.79**	**15.25**	**51.88**	**37.18**	**48.00**	**3.37**	**2.35**	**3.15**
中　　央	**0.38**	**0.67**		**15.61**	**16.06**		**55.36**	**37.08**		**3.55**	**2.31**	
地　　方	**0.36**	**0.57**	**1.60**	**15.10**	**15.16**	**15.25**	**47.29**	**37.40**	**48.00**	**3.13**	**2.47**	**3.15**
北　　京	0.80	1.02		17.16	12.24		50.81	23.08		2.96	1.89	
天　　津	1.39	1.69		12.81	14.21		40.69	33.53		3.18	2.36	
河　　北	0.14			25.30			101.59			4.01		
山　　西	0.84	1.00		17.99	10.11		52.17	36.00		2.90	3.56	
内 蒙 古	0.14	1.73		20.70	14.47		58.60	25.92		2.83	1.79	
辽　　宁	0.27	0.30		13.70	16.12		36.23	32.97		2.64	2.05	
吉　　林	0.41	0.37		16.26	13.39		39.36	30.77		2.42	2.30	
黑 龙 江	0.15	0.51		13.33	26.34		37.48	47.01		2.81	1.78	
上　　海	0.25	0.60		20.08	18.70		54.62	42.09		2.72	2.25	
江　　苏	0.44	0.57		12.70	13.06		46.20	41.14		3.64	3.15	
浙　　江	0.34	0.86		14.79	12.69		54.11	40.34		3.66	3.18	
安　　徽	0.17	0.48		15.70	25.99		50.56	84.21		3.22	3.24	
福　　建	0.28	0.19		14.52	20.24		41.25	43.24		2.84	2.14	
江　　西	0.53	0.12		11.93	10.52		35.52	20.13		2.98	1.91	
山　　东	0.22	0.35		12.62	10.87		51.40	27.02		4.07	2.49	
河　　南	0.10	0.23		20.07	15.92		108.74	33.77		5.42	2.12	
湖　　北	0.20	0.36	1.60	16.54	18.51	15.25	45.92	35.02	48.00	2.78	1.89	3.15
湖　　南	0.17	0.24		14.15	15.32		39.25	32.24		2.77	2.10	
广　　东	0.43	0.22		17.27	17.55		59.68	36.80		3.46	2.10	
广　　西	0.51	1.70		12.91	12.33		55.79	33.56		4.32	2.72	
海　　南	0.26	0.65		13.08	18.94		32.25	46.84		2.47	2.47	
重　　庆	0.33	0.20		14.52	16.67		52.31	40.69		3.60	2.44	
四　　川	0.36	0.23		8.90	16.68		34.12	35.31		3.83	2.12	
贵　　州	0.15	0.70		13.90	19.25		37.91	38.00		2.73	1.97	
云　　南	0.11	5.22		21.92	7.40		73.60	25.00		3.36	3.38	
西　　藏	0.10			21.50			37.50			1.74		
陕　　西	0.26	0.50		14.82	15.74		40.72	34.63		2.75	2.20	
甘　　肃	0.41	0.26		10.40	14.47		31.14	34.98		2.99	2.42	
青　　海	0.10			18.42			44.50			2.42		
宁　　夏	0.07	0.07		12.47	73.05		37.64	58.00		3.02	0.79	
新　　疆	0.11	0.45		9.38	7.53		23.75	23.54		2.53	3.13	
兵　　团	0.10			9.25			28.00			3.03		

各地区使用《中国标准书号》各类图书的平均印数、平均印张、平均定价和平均印张定价（续表4）

D　政治、法律

	平均印数（万册/种）			平均印张（印张/册）			平均定价（元/册）			平均印张定价（元/印张）		
	新版	重印	租型	新版	重印	租型	新版	重印	租型	新版	重印	租型
全国总计	**1.16**	**0.77**	**73.39**	**13.18**	**13.33**	**3.42**	**33.83**	**30.24**	**7.18**	**2.57**	**2.27**	**2.10**
中　　央	**1.42**	**0.72**		**13.16**	**14.30**		**33.03**	**33.71**		**2.51**	**2.36**	
地　　方	**0.48**	**0.93**	**73.39**	**13.31**	**10.80**	**3.42**	**39.93**	**21.17**	**7.18**	**3.00**	**1.96**	**2.10**
北　　京	1.65	0.68		14.59	13.25		46.09	24.11		3.16	1.82	
天　　津	0.27	0.87	17.50	15.26	10.87	2.97	51.30	34.92	6.19	3.36	3.21	2.08
河　　北	0.33	0.20	85.88	15.60	22.99	3.62	46.67	27.00	7.07	2.99	1.17	1.96
山　　西	0.19	1.41	71.03	21.52	12.30	4.58	73.34	25.21	8.37	3.41	2.05	1.83
内 蒙 古	0.17	0.42		15.09	8.86		62.81	13.54		4.16	1.53	
辽　　宁	0.32	0.37		15.95	16.38		45.24	31.30		2.84	1.91	
吉　　林	0.12	0.29	0.30	17.07	9.20	16.37	51.08	28.58	28.00	2.99	3.11	1.71
黑 龙 江	0.15	0.79		14.85	13.34		42.94	28.28		2.89	2.12	
上　　海	0.36	0.60	69.50	16.95	18.98	3.98	53.80	38.72	7.53	3.17	2.04	1.89
江　　苏	0.42	0.40	367.35	12.93	14.01	1.98	46.26	36.23	5.38	3.58	2.59	2.72
浙　　江	1.06	0.36	150.90	11.29	13.55	3.09	26.78	33.62	6.89	2.37	2.48	2.23
安　　徽	0.24	1.58		14.24	6.42		41.18	13.99		2.89	2.18	
福　　建	0.28	0.67	63.40	13.07	15.86	4.19	46.32	39.16	7.74	3.54	2.47	1.85
江　　西	0.72	1.44		13.42	14.35		30.20	25.18		2.25	1.75	
山　　东	0.45	0.32	253.45	11.30	9.90	3.10	38.13	31.57	6.70	3.38	3.19	2.16
河　　南	0.29	0.80	102.40	15.11	14.63	4.14	70.22	29.30	7.80	4.65	2.00	1.88
湖　　北	0.24	0.77	32.69	15.73	7.48	3.64	44.62	12.46	8.84	2.84	1.67	2.43
湖　　南	1.09	0.18		8.06	14.88		23.99	32.44		2.98	2.18	
广　　东	0.33	3.23		18.34	8.37		52.97	14.22		2.89	1.70	
广　　西	3.24	1.00	22.51	8.05	11.68	4.69	17.37	24.72	8.56	2.16	2.12	1.82
海　　南	0.29	0.64		16.32	11.58		41.84	36.63		2.56	3.16	
重　　庆	0.18	0.20	35.51	16.19	15.51	3.83	45.85	31.67	8.93	2.83	2.04	2.33
四　　川	0.57	0.84		16.14	16.01		43.16	32.86		2.67	2.05	
贵　　州	0.27	0.50		15.34	7.11		40.36	79.07		2.63	11.12	
云　　南	0.26	0.39	70.55	15.22	12.23	5.25	60.19	28.16	9.34	3.95	2.30	1.78
西　　藏	0.17	0.37	4.42	17.78	11.29	5.71	42.46	22.87	10.94	2.39	2.03	1.92
陕　　西	0.40	3.29	45.13	11.47	7.76	4.26	50.13	9.29	7.84	4.37	1.20	1.84
甘　　肃	0.48	0.44		21.22	14.00		46.75	31.51		2.20	2.25	
青　　海	0.20	0.76		24.24	6.83		58.78	14.85		2.42	2.17	
宁　　夏	0.17	0.43		22.40	3.85		58.02	13.78		2.59	3.58	
新　　疆	0.26	0.61	22.63	12.63	5.71	3.91	37.10	9.79	7.47	2.94	1.72	1.91
兵　　团	0.09			20.10			91.80			4.57		

各地区使用《中国标准书号》各类图书的平均印数、平均印张、平均定价和平均印张定价（续表5）

E 军 事

	平均印数（万册/种）			平均印张（印张/册）			平均定价（元/册）			平均印张定价（元/印张）		
	新版	重印	租型	新版	重印	租型	新版	重印	租型	新版	重印	租型
全国总计	**0.50**	**0.83**		**13.02**	**12.28**		**40.03**	**31.09**		**3.07**	**2.53**	
中 央	**0.54**	**0.43**		**12.51**	**17.06**		**41.51**	**56.88**		**3.32**	**3.33**	
地 方	**0.42**	**1.20**		**14.23**	**10.68**		**36.48**	**22.42**		**2.56**	**2.10**	
北 京	0.92	1.43		14.32	11.12		34.14	21.65		2.38	1.95	
天 津	0.25	0.33		16.48	11.21		48.29	19.37		2.93	1.73	
河 北	0.28	4.40		18.51	9.53		43.07	13.00		2.33	1.36	
山 西	0.15			10.00			29.80			2.98		
内蒙古	0.02	0.30		75.00	12.31		380.00	22.00		5.07	1.79	
辽 宁	0.61	0.34		14.36	16.14		37.08	28.91		2.58	1.79	
吉 林	0.46	0.59		10.03	10.11		28.91	29.61		2.88	2.93	
黑龙江	0.10	0.58		16.37	10.71		48.27	21.79		2.95	2.03	
上 海	0.47	0.77		17.41	20.47		40.39	31.99		2.32	1.56	
江 苏	0.33	4.03		11.85	11.54		43.38	23.88		3.66	2.07	
浙 江	0.25	4.99		8.67	5.87		29.17	8.01		3.36	1.36	
安 徽	0.62	0.89		15.75	15.38		42.78	36.21		2.72	2.35	
福 建	4.30	5.97		22.90	3.19		36.19	13.82		1.58	4.33	
江 西	0.62	0.92		9.99	13.10		32.56	20.52		3.26	1.57	
山 东	0.22	0.77		12.39	14.97		43.14	39.83		3.48	2.66	
河 南	0.07	1.83		12.88	7.40		40.16	13.68		3.12	1.85	
湖 北	0.32	0.27		20.57	16.12		52.46	34.65		2.55	2.15	
湖 南	0.32	0.46		13.22	16.64		34.87	29.88		2.64	1.80	
广 东	0.37	1.60		13.86	15.25		34.67	36.33		2.50	2.38	
广 西	0.42	0.45		16.88	11.10		37.45	25.95		2.22	2.34	
海 南	0.40			40.75			98.00			2.40		
重 庆	0.21	1.36		12.71	14.50		42.57	31.80		3.35	2.19	
四 川	1.05	0.61		13.95	15.45		32.63	31.29		2.34	2.03	
贵 州	0.11	0.63		17.57	6.54		92.41	16.00		5.26	2.45	
云 南	0.10			17.44			55.73			3.20		
西 藏												
陕 西	0.42	0.60		13.34	16.74		30.07	33.02		2.26	1.97	
甘 肃	0.10			14.75			45.00			3.05		
青 海												
宁 夏												
新 疆												
兵 团	0.17			16.01			66.67			4.17		

各地区使用《中国标准书号》各类图书的平均印数、平均印张、平均定价和平均印张定价（续表6）

F 经 济

	平均印数（万册/种）			平均印张（印张/册）			平均定价（元/册）			平均印张定价（元/印张）		
	新版	重印	租型	新版	重印	租型	新版	重印	租型	新版	重印	租型
全国总计	**0.40**	**0.49**		**16.29**	**16.99**		**51.35**	**38.83**		**3.15**	**2.29**	
中　　央	**0.46**	**0.52**		**16.43**	**16.95**		**51.00**	**39.22**		**3.10**	**2.31**	
地　　方	**0.29**	**0.42**		**15.84**	**17.15**		**52.45**	**37.41**		**3.31**	**2.18**	
北　　京	0.33	0.40		14.69	16.69		49.93	33.70		3.40	2.02	
天　　津	0.35	0.31		14.46	17.42		44.37	39.14		3.07	2.25	
河　　北	0.13	0.02		19.38	13.25		87.78	35.00		4.53	2.64	
山　　西	0.23	0.51		21.54	14.64		82.05	38.66		3.81	2.64	
内 蒙 古	0.44	0.20		5.58	40.62		17.73	48.00		3.18	1.18	
辽　　宁	0.25	0.42		15.55	18.49		41.39	34.37		2.66	1.86	
吉　　林	0.27	1.12		11.08	7.66		34.88	10.80		3.15	1.41	
黑 龙 江	0.19	0.22		15.47	16.37		48.56	31.24		3.14	1.91	
上　　海	0.40	0.54		17.38	19.01		52.87	38.70		3.04	2.04	
江　　苏	0.25	0.28		14.22	15.40		47.00	37.58		3.30	2.44	
浙　　江	0.34	0.67		16.74	14.89		64.37	48.63		3.85	3.27	
安　　徽	0.19	0.21		19.13	18.90		60.19	43.01		3.15	2.28	
福　　建	0.33	0.24		22.32	16.86		125.14	43.03		5.61	2.55	
江　　西	0.34	0.53		14.52	13.79		41.66	30.09		2.87	2.18	
山　　东	0.39	0.27		15.06	13.85		45.51	30.00		3.02	2.17	
河　　南	0.19	0.49		19.77	11.34		81.31	32.13		4.11	2.83	
湖　　北	0.19	0.23		16.58	16.75		56.11	33.20		3.38	1.98	
湖　　南	0.28	0.23		14.45	17.78		49.44	36.28		3.42	2.04	
广　　东	0.36	0.42		15.04	14.31		49.30	36.50		3.28	2.55	
广　　西	0.23	0.54		17.22	19.63		66.36	52.81		3.85	2.69	
海　　南	0.24	0.53		15.69	22.66		52.70	51.45		3.36	2.27	
重　　庆	0.23	0.25		15.75	15.97		48.09	34.31		3.05	2.15	
四　　川	0.29	0.35		15.38	15.19		49.96	36.49		3.25	2.40	
贵　　州	0.56			12.57			37.71			3.00		
云　　南	0.20	0.21		16.49	8.74		73.51	21.00		4.46	2.40	
西　　藏	0.09			15.98			34.82			2.18		
陕　　西	0.17	0.20		16.92	16.86		49.22	38.16		2.91	2.26	
甘　　肃	0.16	0.18		23.51	12.40		76.87	28.82		3.27	2.32	
青　　海	0.11	0.31		25.14	11.57		95.67	35.00		3.81	3.03	
宁　　夏	0.13	0.13		15.65	30.09		63.03	59.80		4.03	1.99	
新　　疆	0.10	0.36		18.93	5.82		55.90	14.31		2.95	2.46	
兵　　团	0.12			21.39			118.37			5.54		

各地区使用《中国标准书号》各类图书的平均印数、平均印张、平均定价和平均印张定价（续表7）

G 文化、科学、教育、体育

	平均印数（万册/种）			平均印张（印张/册）			平均定价（元/册）			平均印张定价（元/印张）		
	新版	重印	租型	新版	重印	租型	新版	重印	租型	新版	重印	租型
全国总计	**1.51**	**3.27**	**13.80**	**8.10**	**7.43**	**7.33**	**19.27**	**13.21**	**7.75**	**2.38**	**1.78**	**1.06**
中　央	**1.58**	**4.73**	**2.62**	**9.38**	**8.14**	**7.66**	**21.07**	**12.49**	**18.10**	**2.25**	**1.53**	**2.36**
地　方	**1.49**	**2.96**	**14.00**	**7.77**	**7.19**	**7.32**	**18.81**	**13.45**	**7.71**	**2.42**	**1.87**	**1.05**
北　京	1.42	3.10		7.48	7.39		22.13	17.26		2.96	2.34	
天　津	0.74	1.47	5.53	6.62	8.29	7.11	26.65	20.81	7.63	4.03	2.51	1.07
河　北	2.28	2.44	18.69	6.79	7.73	7.72	13.22	15.03	7.65	1.95	1.94	0.99
山　西	2.89	3.40	14.21	14.35	7.27	7.52	19.84	13.04	8.23	1.38	1.79	1.09
内蒙古	0.91	1.30	8.88	6.45	6.85	8.34	14.07	8.61	8.60	2.18	1.26	1.03
辽　宁	1.26	2.74	8.65	7.96	7.53	7.52	19.74	13.94	7.87	2.48	1.85	1.05
吉　林	0.73	1.33	6.16	8.21	8.56	8.21	21.99	20.18	8.63	2.68	2.36	1.05
黑龙江	0.77	1.78	6.62	8.57	8.90	7.79	16.82	17.49	8.72	1.96	1.96	1.12
上　海	1.91	3.49	19.60	6.54	6.61	6.30	24.74	15.68	9.09	3.78	2.37	1.44
江　苏	1.71	3.06	17.87	6.05	6.48	7.01	14.03	10.90	7.22	2.32	1.68	1.03
浙　江	2.19	3.38	18.01	7.18	6.44	7.07	15.92	11.61	7.59	2.22	1.80	1.07
安　徽	2.26	3.93	16.78	6.78	6.31	7.67	16.73	12.31	8.51	2.47	1.95	1.11
福　建	1.73	3.78	17.28	8.60	7.44	7.30	20.71	12.62	7.26	2.41	1.70	0.99
江　西	1.20	3.55	27.14	6.88	5.30	8.02	18.20	10.31	7.61	2.64	1.95	0.95
山　东	1.99	3.17	19.30	6.64	6.76	5.56	13.11	10.14	6.74	1.97	1.50	1.21
河　南	1.76	3.81	40.07	7.20	7.54	7.91	13.96	10.21	7.52	1.94	1.35	0.95
湖　北	1.37	2.56	15.78	7.60	6.92	7.63	21.49	13.21	8.30	2.83	1.91	1.09
湖　南	2.29	4.32	23.77	8.91	7.99	6.76	20.99	14.36	7.96	2.36	1.80	1.18
广　东	1.49	5.00	43.27	8.02	7.09	7.77	17.73	10.11	7.34	2.21	1.43	0.95
广　西	1.79	5.21	14.96	8.13	6.41	7.42	15.23	9.14	7.32	1.87	1.43	0.99
海　南	0.62	1.69	6.01	8.47	6.22	6.32	21.27	10.88	7.15	2.51	1.75	1.13
重　庆	2.76	3.80	10.37	6.20	5.34	6.97	11.24	8.93	8.63	1.81	1.67	1.24
四　川	0.95	4.02	15.76	7.51	7.12	7.43	20.98	10.80	8.04	2.80	1.52	1.08
贵　州	1.09	5.72	12.13	14.87	5.24	7.39	26.73	9.37	7.71	1.80	1.79	1.04
云　南	1.39	1.89	18.89	9.11	8.25	7.98	16.73	14.05	7.55	1.84	1.70	0.95
西　藏	0.65	2.40	2.89	4.99	5.74	7.10	14.27	7.43	8.57	2.86	1.29	1.21
陕　西	1.03	2.54	7.88	9.01	8.76	7.24	24.78	19.70	7.74	2.75	2.25	1.07
甘　肃	0.82	2.60	11.92	7.97	6.03	7.70	17.84	11.84	7.14	2.24	1.96	0.93
青　海	0.34	0.99	3.34	7.74	8.27	7.64	11.89	5.78	7.93	1.54	0.70	1.04
宁　夏	1.36	1.78	4.28	10.28	11.65	7.44	24.53	30.53	8.79	2.39	2.62	1.18
新　疆	1.51	2.00	6.04	10.57	9.83	7.18	30.52	25.55	7.89	2.89	2.60	1.10
兵　团	0.84	2.10		10.97	11.79		31.09	37.13		2.83	3.15	

各地区使用《中国标准书号》各类图书的平均印数、平均印张、平均定价和平均印张定价（续表8）

H 语言、文字

	平均印数（万册/种）			平均印张（印张/册）			平均定价（元/册）			平均印张定价（元/印张）		
	新版	重印	租型	新版	重印	租型	新版	重印	租型	新版	重印	租型
全国总计	**0.84**	**1.41**		**11.53**	**13.79**		**35.28**	**31.20**		**3.06**	**2.26**	
中　　央	**0.85**	**1.58**		**12.94**	**14.63**		**39.92**	**32.80**		**3.08**	**2.24**	
地　　方	**0.83**	**1.17**		**10.17**	**12.23**		**30.82**	**28.25**		**3.03**	**2.31**	
北　　京	0.64	1.51		13.48	10.55		50.29	22.55		3.73	2.14	
天　　津	0.26	0.41		12.77	15.60		36.59	35.41		2.86	2.27	
河　　北	0.91	2.05		3.08	3.04		23.25	17.16		7.54	5.65	
山　　西	0.18	0.56		17.22	17.64		59.50	21.94		3.46	1.24	
内蒙古	0.12	0.46		20.31	18.54		85.61	26.91		4.21	1.45	
辽　　宁	0.53	0.60		10.93	14.04		30.47	30.74		2.79	2.19	
吉　　林	0.44	0.75		9.16	4.92		29.50	26.44		3.22	5.38	
黑龙江	0.14	0.18		11.42	15.56		32.73	29.99		2.87	1.93	
上　　海	1.36	1.25		12.24	18.07		35.57	37.66		2.91	2.08	
江　　苏	0.59	0.45		13.11	14.90		35.82	29.89		2.73	2.01	
浙　　江	2.76	1.86		4.50	7.51		15.29	15.23		3.40	2.03	
安　　徽	0.55	0.46		9.40	12.87		35.20	28.02		3.75	2.18	
福　　建	0.38	0.51		11.59	10.83		50.52	22.24		4.36	2.05	
江　　西	2.73	1.19		2.66	8.92		11.39	16.82		4.28	1.89	
山　　东	0.49	1.91		9.33	6.54		33.66	17.91		3.61	2.74	
河　　南	0.40	0.60		12.80	9.09		30.11	24.38		2.35	2.68	
湖　　北	0.53	0.66		13.35	12.67		38.52	28.43		2.89	2.24	
湖　　南	0.30	0.54		15.36	17.19		42.21	32.31		2.75	1.88	
广　　东	0.31	0.45		13.55	14.12		45.74	31.49		3.38	2.23	
广　　西	0.60	1.40		9.26	9.74		36.31	23.43		3.92	2.40	
海　　南	0.23	0.35		11.35	5.96		47.94	35.29		4.22	5.92	
重　　庆	0.27	0.33		13.49	12.79		40.70	29.53		3.02	2.31	
四　　川	0.68	7.46		15.96	6.91		45.52	17.67		2.85	2.56	
贵　　州	0.16	2.00		8.94	18.00		27.96	28.00		3.13	1.56	
云　　南	0.16	0.76		14.36	10.78		63.13	21.21		4.40	1.97	
西　　藏	0.18	1.49		9.30	7.54		22.36	11.01		2.40	1.46	
陕　　西	0.33	0.69		19.88	11.49		41.95	70.93		2.11	6.17	
甘　　肃	0.41	1.29		10.61	7.33		39.28	17.90		3.70	2.44	
青　　海	0.43	0.29		15.92	9.63		27.55	12.14		1.73	1.26	
宁　　夏	0.15	0.43		26.48	11.63		65.19	28.94		2.46	2.49	
新　　疆	0.56	0.55		5.92	12.84		13.87	16.86		2.34	1.31	
兵　　团	0.10			4.75			26.00			5.47		

各地区使用《中国标准书号》各类图书的平均印数、平均印张、平均定价和平均印张定价（续表9）

I 文 学

	平均印数（万册/种）			平均印张（印张/册）			平均定价（元/册）			平均印张定价（元/印张）		
	新版	重印	租型	新版	重印	租型	新版	重印	租型	新版	重印	租型
全国总计	**0.89**	**2.05**	**0.32**	**10.32**	**10.91**	**10.01**	**32.47**	**24.98**	**21.11**	**3.15**	**2.29**	**2.11**
中　央	**0.76**	**1.78**		**11.10**	**15.24**		**37.45**	**30.16**		**3.38**	**1.98**	
地　方	**0.94**	**2.13**	**0.32**	**10.06**	**9.81**	**10.01**	**30.77**	**23.65**	**21.11**	**3.06**	**2.41**	**2.11**
北　京	1.30	2.63		9.12	10.90		32.17	21.97		3.53	2.02	
天　津	1.06	2.90		10.07	7.52		33.54	24.50		3.33	3.26	
河　北	1.38	2.86		9.30	4.52		30.58	28.90		3.29	6.39	
山　西	0.33	0.86		11.83	9.33		43.38	34.15		3.67	3.66	
内蒙古	0.24	0.23		11.77	8.50		36.92	19.24		3.14	2.26	
辽　宁	0.83	2.20		9.92	8.26		26.91	18.39		2.71	2.23	
吉　林	0.66	0.70		10.53	9.08		25.82	23.11		2.45	2.55	
黑龙江	0.30	0.40		10.30	8.58		31.95	21.36		3.10	2.49	
上　海	0.71	1.40		9.87	13.46		36.08	32.02		3.65	2.38	
江　苏	1.10	2.15		11.69	12.33		33.96	28.33		2.90	2.30	
浙　江	1.43	3.71		9.19	8.59		33.79	21.95		3.68	2.55	
安　徽	0.83	3.94		11.84	16.59		28.89	17.60		2.44	1.06	
福　建	0.60	0.96		10.38	9.30		30.09	24.54		2.90	2.64	
江　西	1.36	2.97		6.79	4.37		22.89	16.49		3.37	3.78	
山　东	1.17	3.23		8.80	7.12		28.53	20.83		3.24	2.93	
河　南	0.46	1.52	0.30	9.11	6.64	7.55	32.53	18.45	17.58	3.57	2.78	2.33
湖　北	0.76	1.52		12.60	12.48		31.57	26.03		2.51	2.09	
湖　南	2.17	3.09		13.22	11.90		33.24	29.09		2.51	2.44	
广　东	0.78	1.18		10.17	10.42		29.70	26.61		2.92	2.55	
广　西	1.20	2.15		10.34	9.18		33.36	24.68		3.23	2.69	
海　南	0.74	0.82		11.49	9.72		34.12	31.95		2.97	3.29	
重　庆	1.00	1.89		10.08	9.05		30.62	24.21		3.04	2.67	
四　川	1.46	2.04		6.99	10.60		25.05	22.70		3.58	2.14	
贵　州	0.70	1.58		11.81	7.00		33.50	39.00		2.84	5.57	
云　南	0.49	1.31		16.19	11.18		33.70	37.00		2.08	3.31	
西　藏	0.16	0.36		11.23	7.63		30.62	15.00		2.73	1.96	
陕　西	0.48	1.02	0.45	11.63	10.11	23.00	35.08	25.78	39.80	3.02	2.55	1.73
甘　肃	0.44	1.06		11.14	7.27		31.13	18.69		2.79	2.57	
青　海	0.25	0.25		13.74	12.83		33.03	21.80		2.40	1.70	
宁　夏	0.54	0.93		10.33	15.13		33.48	32.00		3.24	2.11	
新　疆	0.32	0.35		9.00	7.77		27.76	26.30		3.08	3.38	
兵　团	0.19			14.34			45.89			3.20		

各地区使用《中国标准书号》各类图书的平均印数、平均印张、平均定价和平均印张定价（续表10）

J 艺 术

	平均印数（万册/种）			平均印张（印张/册）			平均定价（元/册）			平均印张定价（元/印张）		
	新版	重印	租型	新版	重印	租型	新版	重印	租型	新版	重印	租型
全国总计	**0.58**	**1.00**	**0.45**	**8.33**	**8.19**	**36.38**	**49.43**	**24.96**	**69.00**	**5.93**	**3.05**	**1.90**
中　　央	**0.64**	**0.86**		**8.66**	**9.37**		**47.02**	**31.14**		**5.43**	**3.32**	
地　　方	**0.55**	**1.08**	**0.45**	**8.16**	**7.67**	**36.38**	**50.66**	**22.28**	**69.00**	**6.21**	**2.90**	**1.90**
北　　京	0.43	1.02		12.96	11.45		76.81	35.13		5.93	3.07	
天　　津	0.35	0.46		9.08	7.29		64.73	40.88		7.13	5.61	
河　　北	0.66	1.40		15.50	13.35		95.31	65.78		6.15	4.93	
山　　西	0.27	0.72		13.79	13.04		84.36	27.11		6.12	2.08	
内 蒙 古	0.27	0.50		7.78	3.26		101.26	10.57		13.02	3.25	
辽　　宁	0.30	0.33		11.29	8.57		62.02	35.94		5.49	4.19	
吉　　林	0.40	1.52		8.01	6.35		32.16	19.19		4.01	3.02	
黑 龙 江	0.26	0.18		5.42	13.30		32.63	47.61		6.02	3.58	
上　　海	0.51	1.34		9.41	9.01		48.53	20.68		5.16	2.30	
江　　苏	1.11	0.71		5.37	7.13		29.69	23.77		5.52	3.34	
浙　　江	0.41	0.45		12.19	7.79		101.39	27.83		8.32	3.57	
安　　徽	0.28	0.88		6.59	7.52		53.23	21.05		8.07	2.80	
福　　建	0.29	0.32		8.09	7.30		64.57	26.29		7.98	3.60	
江　　西	1.21	5.43		8.72	2.32		34.41	11.64		3.94	5.01	
山　　东	0.38	0.64		8.43	7.26		68.30	35.45		8.10	4.88	
河　　南	0.32	0.38		9.06	7.91		61.00	28.79		6.74	3.64	
湖　　北	0.37	0.46		8.73	9.03		47.78	32.61		5.47	3.61	
湖　　南	0.86	1.20		8.40	8.05		79.76	22.96		9.50	2.85	
广　　东	0.41	1.65		9.38	5.38		62.82	14.10		6.70	2.62	
广　　西	0.55	0.76		11.72	15.04		65.09	55.82		5.56	3.71	
海　　南	0.56	0.53		5.59	8.99		32.02	35.36		5.72	3.93	
重　　庆	0.37	0.36		11.95	15.28		50.70	41.34		4.24	2.71	
四　　川	1.11	3.63		4.24	5.88		22.81	19.44		5.38	3.31	
贵　　州	0.19	0.15		10.91	23.55		126.60	116.88		11.60	4.96	
云　　南	0.18	0.16		11.62	13.15		93.15	61.45		8.02	4.67	
西　　藏	0.21	0.58		9.18	4.16		45.56	12.01		4.96	2.89	
陕　　西	0.23	0.55	0.45	10.75	7.45	36.38	99.78	38.59	69.00	9.28	5.18	1.90
甘　　肃	0.28	0.96		17.38	10.12		136.53	31.37		7.86	3.10	
青　　海	0.31	0.25		11.29	6.80		65.95	23.60		5.84	3.47	
宁　　夏	0.34	0.14		7.34	35.20		51.48	212.98		7.02	6.05	
新　　疆	4.78	0.34		3.54	8.94		10.70	30.84		3.02	3.45	
兵　　团	0.80			5.79			79.00			13.65		

各地区使用《中国标准书号》各类图书的平均印数、平均印张、平均定价和平均印张定价（续表 11）

K 历史、地理

	平均印数（万册/种）			平均印张（印张/册）			平均定价（元/册）			平均印张定价（元/印张）		
	新版	重印	租型	新版	重印	租型	新版	重印	租型	新版	重印	租型
全国总计	**0.51**	**1.02**		**15.58**	**13.47**		**68.39**	**36.67**		**4.39**	**2.72**	
中　　央	**0.57**	**1.04**		**18.39**	**13.86**		**74.27**	**40.11**		**4.04**	**2.89**	
地　　方	**0.47**	**0.99**		**13.19**	**12.98**		**63.37**	**32.33**		**4.80**	**2.49**	
北　　京	0.66	1.44		11.60	13.52		47.12	24.64		4.06	1.82	
天　　津	0.44	0.57		18.13	16.50		76.96	43.06		4.25	2.61	
河　　北	0.17	0.52		18.75	6.80		84.20	24.95		4.49	3.67	
山　　西	0.28	0.45		21.40	11.06		108.10	38.05		5.05	3.44	
内 蒙 古	0.16	0.26		19.79	15.70		124.32	49.76		6.28	3.17	
辽　　宁	0.32	0.62		15.44	14.23		69.23	33.96		4.48	2.39	
吉　　林	0.31	0.48		16.94	12.29		61.73	27.74		3.64	2.26	
黑 龙 江	0.42	0.29		8.08	2.40		46.02	27.35		5.69	11.40	
上　　海	0.59	0.62		10.31	21.05		49.03	43.37		4.76	2.06	
江　　苏	0.65	1.44		13.87	13.44		75.40	30.69		5.44	2.28	
浙　　江	0.56	3.16		15.11	16.22		59.34	43.22		3.93	2.66	
安　　徽	0.18	0.75		17.48	9.84		108.40	27.29		6.20	2.77	
福　　建	0.40	0.61		13.25	11.57		66.76	29.25		5.04	2.53	
江　　西	0.54	3.15		11.27	11.39		43.90	24.12		3.90	2.12	
山　　东	0.89	1.96		8.07	5.73		54.24	18.56		6.72	3.24	
河　　南	0.23	0.91		19.63	10.86		119.84	25.55		6.11	2.35	
湖　　北	0.44	0.64		13.53	16.47		55.69	36.72		4.12	2.23	
湖　　南	0.41	0.29		15.97	15.56		88.20	57.92		5.52	3.72	
广　　东	0.47	0.66		10.72	10.55		41.59	30.55		3.88	2.90	
广　　西	0.41	0.60		20.35	14.69		82.24	48.40		4.04	3.30	
海　　南	0.50	0.62		13.32	22.00		49.78	52.23		3.74	2.37	
重　　庆	0.27	1.77		24.16	6.75		195.77	18.97		8.10	2.81	
四　　川	0.65	0.89		13.64	5.92		52.72	21.92		3.86	3.70	
贵　　州	0.34	0.37		15.98	12.49		56.31	61.04		3.52	4.89	
云　　南	0.21	0.36		16.44	12.10		83.19	35.21		5.06	2.91	
西　　藏	0.30	0.88		16.83	18.15		65.36	32.85		3.88	1.81	
陕　　西	0.27	0.95		18.08	8.98		112.39	48.88		6.22	5.44	
甘　　肃	0.28	0.52		19.50	12.38		96.83	48.35		4.97	3.91	
青　　海	0.28	0.42		14.38	10.73		60.48	20.75		4.21	1.93	
宁　　夏	0.25	0.31		16.81	12.45		81.87	36.48		4.87	2.93	
新　　疆	0.19	0.34		22.06	8.83		101.22	19.30		4.59	2.19	
兵　　团	0.27			11.60			45.42			3.91		

各地区使用《中国标准书号》各类图书的平均印数、平均印张、平均定价和平均印张定价（续表12）

N　自然科学总论

	平均印数（万册/种）			平均印张（印张/册）			平均定价（元/册）			平均印张定价（元/印张）		
	新版	重印	租型	新版	重印	租型	新版	重印	租型	新版	重印	租型
全国总计	**0.67**	**0.73**		**8.79**	**13.16**		**52.24**	**39.50**		**5.95**	**3.00**	
中　　央	**0.91**	**0.55**		**7.52**	**17.48**		**48.81**	**48.66**		**6.49**	**2.78**	
地　　方	**0.46**	**0.89**		**10.89**	**10.85**		**57.98**	**34.59**		**5.32**	**3.19**	
北　　京	0.97	2.18		7.08	13.37		35.24	19.72		4.98	1.47	
天　　津	0.86	0.90		17.17	10.00		162.31	29.80		9.45	2.98	
河　　北												
山　　西	0.58	4.00		13.39	12.97		54.32	33.50		4.06	2.58	
内 蒙 古	0.06	0.05		8.23	12.20		38.80	19.00		4.72	1.56	
辽　　宁	0.14	0.28		6.81	19.00		29.10	39.80		4.27	2.09	
吉　　林	0.50	0.90		13.26	10.70		24.11	18.67		1.82	1.74	
黑 龙 江	0.16	0.20		14.58	17.62		107.89	24.00		7.40	1.36	
上　　海	0.32	0.27		17.67	16.64		48.78	36.27		2.76	2.18	
江　　苏	1.08	0.28		8.45	12.70		97.51	41.83		11.53	3.29	
浙　　江	0.16	1.40		14.54	22.95		64.35	65.05		4.43	2.83	
安　　徽	0.09	0.13		24.16	15.33		208.64	48.75		8.64	3.18	
福　　建	0.37	0.40		5.97	10.36		26.96	32.61		4.52	3.15	
江　　西	0.42	2.05		9.85	9.17		25.30	22.82		2.57	2.49	
山　　东	0.60	0.52		10.60	4.00		38.19	18.00		3.60	4.50	
河　　南	0.19	0.28		18.95	30.94		166.45	70.67		8.78	2.28	
湖　　北	0.29	0.30		15.06	20.87		38.45	34.53		2.55	1.65	
湖　　南	0.80	0.11		17.00	27.47		38.00	85.00		2.24	3.09	
广　　东	0.22	0.08		11.40	12.20		55.62	32.80		4.88	2.69	
广　　西	1.25	0.99		18.76	8.69		46.51	41.63		2.48	4.79	
海　　南	0.76	0.80		6.94	31.00		31.89	56.00		4.60	1.81	
重　　庆	0.31	0.21		16.35	14.95		64.45	52.39		3.94	3.50	
四　　川	0.77	0.35		4.63	8.05		20.95	24.88		4.53	3.09	
贵　　州	0.05			15.00			45.00			3.00		
云　　南	0.22			11.25			36.00			3.20		
西　　藏												
陕　　西	0.20	3.73		11.66	3.63		96.43	47.34		8.27	13.05	
甘　　肃	0.10			45.34			145.00			3.20		
青　　海												
宁　　夏												
新　　疆	0.07	0.18		10.50	9.27		57.68	21.09		5.49	2.27	
兵　　团												

各地区使用《中国标准书号》各类图书的平均印数、平均印张、平均定价和平均印张定价（续表13）

O 数理科学、化学

	平均印数（万册/种）			平均印张（印张/册）			平均定价（元/册）			平均印张定价（元/印张）		
	新版	重印	租型	新版	重印	租型	新版	重印	租型	新版	重印	租型
全国总计	**0.43**	**0.44**	**0.15**	**15.33**	**16.06**	**34.95**	**41.39**	**33.41**	**58.00**	**2.70**	**2.08**	**1.66**
中　　央	**0.47**	**0.38**		**16.07**	**18.94**		**42.38**	**37.35**		**2.64**	**1.97**	
地　　方	**0.36**	**0.62**	**0.15**	**13.97**	**11.02**	**34.95**	**39.55**	**26.52**	**58.00**	**2.83**	**2.41**	**1.66**
北　　京	0.64	2.66		9.37	9.91		35.43	18.15		3.78	1.83	
天　　津	0.32	1.90		9.81	3.53		30.06	13.96		3.06	3.95	
河　　北	0.07	1.89		16.28	7.77		30.34	15.35		1.86	1.98	
山　　西	0.20	0.40		12.77	16.70		46.50	27.50		3.64	1.65	
内 蒙 古	0.11	0.07		18.21	11.91		27.39	18.55		1.50	1.56	
辽　　宁	0.29	0.27		16.70	16.15		41.45	34.42		2.48	2.13	
吉　　林	0.35	0.96		10.09	6.11		30.23	18.12		2.99	2.96	
黑 龙 江	0.14	0.17		18.80	19.72		50.36	35.50		2.68	1.80	
上　　海	0.38	0.36		16.56	18.43		42.28	35.18		2.55	1.91	
江　　苏	0.26	0.35		14.69	12.47		35.64	26.35		2.43	2.11	
浙　　江	0.22	0.30		12.12	11.64		50.65	29.48		4.18	2.53	
安　　徽	0.45	0.52		11.25	12.66		41.48	41.86		3.69	3.31	
福　　建	0.26	0.18		14.05	22.27		36.47	38.50		2.59	1.73	
江　　西	0.72	1.65		8.39	10.39		26.81	23.84		3.20	2.29	
山　　东	0.37	0.71		9.12	15.04		34.77	23.08		3.81	1.53	
河　　南	0.15	0.29		18.61	18.24		44.48	34.04		2.39	1.87	
湖　　北	0.36	0.24		14.18	16.31		36.24	31.07		2.56	1.90	
湖　　南	0.22	0.26		18.67	14.77		46.65	32.09		2.50	2.17	
广　　东	0.24	0.16		14.45	16.29		36.21	28.52		2.51	1.75	
广　　西	1.04	0.18		5.89	14.54		29.00	32.50		4.93	2.24	
海　　南	0.75	0.65		13.28	17.28		39.85	35.00		3.00	2.03	
重　　庆	0.31	0.42		14.07	13.66		33.61	36.33		2.39	2.66	
四　　川	0.26	0.35		11.78	8.57		32.13	21.90		2.73	2.56	
贵　　州	0.05	0.10		15.00	27.38		36.00	47.00		2.40	1.72	
云　　南	0.05	0.19		15.17	12.01		56.95	24.19		3.75	2.01	
西　　藏												
陕　　西	0.59	1.04	0.15	18.42	15.74	34.95	51.09	47.85	58.00	2.77	3.04	1.66
甘　　肃	0.11	0.12		9.92	19.29		32.20	32.77		3.25	1.70	
青　　海												
宁　　夏	0.70	0.10		5.50	11.97		15.00	32.00		2.73	2.67	
新　　疆	0.29			18.58			38.70			2.08		
兵　　团												

各地区使用《中国标准书号》各类图书的
平均印数、平均印张、平均定价和平均印张定价（续表14）

P　天文学、地球科学

	平均印数（万册/种）			平均印张（印张/册）			平均定价（元/册）			平均印张定价（元/印张）		
	新版	重印	租型	新版	重印	租型	新版	重印	租型	新版	重印	租型
全国总计	**0.38**	**0.53**		**12.81**	**11.97**		**58.56**	**38.59**		**4.57**	**3.22**	
中　　央	**0.32**	**0.38**		**16.55**	**14.83**		**73.57**	**52.87**		**4.45**	**3.57**	
地　　方	**0.51**	**0.74**		**8.36**	**9.80**		**40.72**	**27.69**		**4.87**	**2.83**	
北　　京	0.64	1.89		13.09	5.32		77.27	21.76		5.90	4.09	
天　　津	0.32	0.75		7.90	4.27		51.26	23.97		6.49	5.61	
河　　北	0.01	0.50		21.72	9.91		60.18	23.80		2.77	2.40	
山　　西	0.38			8.29			43.67			5.27		
内 蒙 古	0.19	0.05		9.99	9.63		34.06	15.00		3.41	1.56	
辽　　宁	0.48	0.41		11.24	5.78		43.06	25.81		3.83	4.47	
吉　　林	0.81	0.77		3.93	9.22		22.72	21.13		5.78	2.29	
黑 龙 江	0.11	0.08		11.18	17.06		58.62	29.80		5.24	1.75	
上　　海	0.50	0.35		11.28	27.22		52.87	54.92		4.69	2.02	
江　　苏	0.34	0.30		5.53	16.81		22.47	34.42		4.06	2.05	
浙　　江	0.41	0.76		13.72	8.82		61.05	31.76		4.45	3.60	
安　　徽	0.78	0.36		2.53	8.27		10.55	47.50		4.18	5.74	
福　　建	0.90	0.33		4.40	16.73		23.42	40.00		5.32	2.39	
江　　西	0.50	2.15		12.12	11.13		89.07	24.94		7.35	2.24	
山　　东	0.88	0.74		11.77	9.47		53.45	19.30		4.54	2.04	
河　　南	0.63	0.34		6.88	13.11		27.72	29.88		4.03	2.28	
湖　　北	0.50	0.31		9.82	18.43		47.97	35.34		4.89	1.92	
湖　　南	0.13	0.10		16.44	22.00		64.36	48.00		3.91	2.18	
广　　东	0.51	0.12		7.07	16.51		31.54	92.65		4.46	5.61	
广　　西	1.15	0.82		6.70	9.67		27.96	40.55		4.17	4.19	
海　　南	0.20	0.30		8.00	14.25		23.93	49.30		2.99	3.46	
重　　庆	0.39	0.48		13.46	9.92		60.87	40.73		4.52	4.10	
四　　川	0.67	0.40		7.28	6.50		32.69	21.24		4.49	3.27	
贵　　州	0.46			10.30			42.49			4.12		
云　　南	0.57	0.07		4.29	20.39		12.60	47.09		2.94	2.31	
西　　藏	0.20	0.45		9.29	5.38		37.00	15.00		3.98	2.79	
陕　　西	0.35	1.03		5.54	4.72		61.99	77.14		11.19	16.35	
甘　　肃	0.08	0.07		21.51	10.32		72.79	49.00		3.38	4.75	
青　　海	0.29	0.23		5.58	8.81		15.41	22.29		2.76	2.53	
宁　　夏	0.40			9.88			98.00			9.92		
新　　疆	0.15	0.15		7.91	15.43		18.54	37.00		2.34	2.40	
兵　　团												

各地区使用《中国标准书号》各类图书的平均印数、平均印张、平均定价和平均印张定价（续表15）

Q　生物科学

	平均印数（万册/种）			平均印张（印张/册）			平均定价（元/册）			平均印张定价（元/印张）		
	新版	重印	租型	新版	重印	租型	新版	重印	租型	新版	重印	租型
全国总计	**0.50**	**0.62**		**9.57**	**13.72**		**47.62**	**36.09**		**4.98**	**2.63**	
中　　央	**0.42**	**0.40**		**12.68**	**20.38**		**63.69**	**51.51**		**5.02**	**2.53**	
地　　方	**0.56**	**1.04**		**7.64**	**9.03**		**37.67**	**25.23**		**4.93**	**2.79**	
北　　京	0.78	2.26		8.43	9.62		58.98	20.17		7.00	2.10	
天　　津	0.97	0.65		6.42	7.56		24.88	28.07		3.88	3.71	
河　　北	0.22	0.65		23.33	3.00		68.64	31.80		2.94	10.60	
山　　西	0.46			7.65			23.45			3.06		
内 蒙 古	0.15	0.05		8.43	7.28		42.43	11.17		5.04	1.53	
辽　　宁	0.48	0.29		6.43	17.52		39.23	43.10		6.10	2.46	
吉　　林	0.52	0.90		5.23	9.26		23.72	21.54		4.54	2.33	
黑 龙 江	0.14	4.15		4.00	2.00		22.62	9.72		5.66	4.86	
上　　海	0.48	0.35		10.47	11.81		49.07	31.26		4.69	2.65	
江　　苏	1.32	0.33		9.30	15.46		29.32	39.29		3.15	2.54	
浙　　江	0.41	0.37		10.36	9.51		54.91	29.24		5.30	3.07	
安　　徽	0.31	0.73		7.17	10.01		37.39	25.53		5.21	2.55	
福　　建	0.34	0.35		12.02	9.94		116.43	25.32		9.69	2.55	
江　　西	0.59	1.66		10.21	10.85		29.48	24.07		2.89	2.22	
山　　东	0.18	0.37		10.16	8.80		67.17	33.21		6.61	3.77	
河　　南	0.12	1.26		24.08	13.37		308.53	27.28		12.81	2.04	
湖　　北	0.65	0.26		12.76	15.25		49.25	34.03		3.86	2.23	
湖　　南	0.36	0.35		13.85	15.71		41.26	28.86		2.98	1.84	
广　　东	0.47	2.83		7.32	2.35		48.54	22.74		6.63	9.67	
广　　西	1.32	0.81		4.55	10.62		21.21	38.89		4.66	3.66	
海　　南	0.82	0.50		10.04	6.91		42.08	28.74		4.19	4.16	
重　　庆	0.31	0.29		29.74	12.98		215.14	66.04		7.23	5.09	
四　　川	1.07	0.80		3.91	10.56		22.96	28.95		5.87	2.74	
贵　　州	0.09	0.50		27.78	2.78		154.73	198.00		5.57	47.51	
云　　南	0.15	1.76		16.21	2.93		101.04	50.48		6.23	17.24	
西　　藏	0.18			6.69			47.27			7.06		
陕　　西	0.33	0.70		12.79	3.28		59.05	69.15		4.62	21.10	
甘　　肃	0.13	0.50		19.51	8.67		51.44	23.80		2.64	2.74	
青　　海	0.10	0.20		8.50	7.24		22.00	15.00		2.59	2.07	
宁　　夏	0.30			10.42			56.33			5.41		
新　　疆	0.21	0.28		6.35	5.59		21.45	19.13		3.38	3.42	
兵　　团												

各地区使用《中国标准书号》各类图书的平均印数、平均印张、平均定价和平均印张定价（续表16）

R 医药、卫生

	平均印数（万册/种）			平均印张（印张/册）			平均定价（元/册）			平均印张定价（元/印张）		
	新版	重印	租型	新版	重印	租型	新版	重印	租型	新版	重印	租型
全国总计	**0.38**	**0.57**	**0.34**	**17.62**	**17.25**	**11.16**	**58.38**	**41.91**	**30.86**	**3.31**	**2.43**	**2.76**
中　　央	**0.43**	**0.57**		**19.66**	**19.30**		**64.15**	**44.06**		**3.26**	**2.28**	
地　　方	**0.32**	**0.59**	**0.34**	**14.27**	**12.25**	**11.16**	**48.87**	**36.63**	**30.86**	**3.42**	**2.99**	**2.76**
北　　京	0.46	1.47		15.35	12.65		71.43	38.08		4.65	3.01	
天　　津	0.12	0.35		21.18	16.72		61.34	47.66		2.90	2.85	
河　　北	1.18	0.56		12.34	11.96		38.56	51.54		3.12	4.31	
山　　西	0.32	0.49		11.58	19.42		38.89	37.10		3.36	1.91	
内 蒙 古	0.13	0.15		18.40	20.44		72.99	41.73		3.97	2.04	
辽　　宁	0.35	0.36		24.92	13.76		96.86	80.64		3.89	5.86	
吉　　林	0.10	0.17		20.67	25.68		65.68	86.48		3.18	3.37	
黑 龙 江	0.15	0.13		14.57	19.51		41.27	32.00		2.83	1.64	
上　　海	0.31	0.31		16.80	17.93		64.95	54.44		3.87	3.04	
江　　苏	0.51	0.70		14.18	11.66		58.92	38.28		4.16	3.28	
浙　　江	1.29	2.52		6.82	2.64		21.61	10.08		3.17	3.82	
安　　徽	0.64	0.45		16.11	14.68		46.89	36.93		2.91	2.52	
福　　建	0.54	0.52		12.67	15.55		44.89	50.59		3.54	3.25	
江　　西	0.66	1.06		12.74	17.24		34.85	34.32		2.73	1.99	
山　　东	0.50	0.80		15.27	17.70		55.29	49.16		3.62	2.78	
河　　南	0.27	0.38		15.49	12.41		52.97	31.19		3.42	2.51	
湖　　北	0.21	0.21		16.10	17.14		60.81	44.70		3.78	2.61	
湖　　南	0.59	0.53		30.15	16.24		71.21	36.18		2.36	2.23	
广　　东	0.51	0.53		10.78	11.05		44.07	32.38		4.09	2.93	
广　　西	4.33	0.73	0.41	3.02	15.01	9.29	8.98	36.24	23.84	2.97	2.41	2.56
海　　南	0.34	0.60		16.11	20.66		80.03	53.02		4.97	2.57	
重　　庆	0.31	1.53		15.32	5.07		45.30	15.15		2.96	2.99	
四　　川	0.37	0.48		14.59	15.50		45.89	37.43		3.14	2.42	
贵　　州	0.52	0.37		11.78	11.12		32.03	34.67		2.72	3.12	
云　　南	0.15	0.32		17.44	12.81		60.55	29.15		3.47	2.28	
西　　藏	0.12	0.50		16.42	43.00		61.89	68.00		3.77	1.58	
陕　　西	0.17	0.50	0.27	15.39	15.49	13.96	51.09	42.65	41.38	3.32	2.75	2.96
甘　　肃	0.22	0.19		13.59	9.45		34.82	27.54		2.56	2.91	
青　　海	0.15	0.50		15.43	17.87		67.79	32.06		4.39	1.79	
宁　　夏	0.10	0.08		14.37	21.90		39.50	97.50		2.75	4.45	
新　　疆	0.19	0.66		6.07	6.57		17.82	15.27		2.93	2.32	
兵　　团	0.12			12.61			75.78			6.01		

各地区使用《中国标准书号》各类图书的平均印数、平均印张、平均定价和平均印张定价（续表17）

S　农业科学

	平均印数（万册/种）			平均印张（印张/册）			平均定价（元/册）			平均印张定价（元/印张）		
	新版	重印	租型	新版	重印	租型	新版	重印	租型	新版	重印	租型
全国总计	**0.28**	**0.46**		**10.77**	**10.62**		**45.94**	**26.24**		**4.27**	**2.47**	
中　　央	**0.29**	**0.33**		**11.36**	**12.47**		**49.58**	**31.68**		**4.37**	**2.54**	
地　　方	**0.27**	**0.81**		**9.88**	**8.46**		**40.42**	**19.91**		**4.09**	**2.35**	
北　　京	0.44	1.70		11.08	10.70		48.01	18.41		4.33	1.72	
天　　津	0.12	0.27		17.01	9.76		47.85	47.43		2.81	4.86	
河　　北	0.50	0.30		9.66	12.56		27.36	22.56		2.83	1.80	
山　　西	0.21	1.04		10.12	10.38		30.77	23.26		3.04	2.24	
内 蒙 古	0.12	0.80		9.97	3.71		43.60	16.00		4.37	4.32	
辽　　宁	0.10	0.20		12.82	29.62		54.82	79.48		4.28	2.68	
吉　　林	0.16	0.55		15.34	6.51		54.36	12.69		3.54	1.95	
黑 龙 江	0.11	0.05		15.59	14.04		72.50	42.00		4.65	2.99	
上　　海	0.31	0.32		8.48	19.51		40.54	54.56		4.78	2.80	
江　　苏	0.44	0.41		10.14	6.63		43.20	28.10		4.26	4.24	
浙　　江	0.24	0.22		9.59	8.42		51.53	23.13		5.37	2.75	
安　　徽	0.50	0.74		8.36	9.10		32.14	24.92		3.84	2.74	
福　　建	0.44	0.42		10.39	9.87		56.50	32.25		5.44	3.27	
江　　西	0.12	4.72		12.00	6.90		88.14	14.93		7.34	2.16	
山　　东	0.23	0.41		13.18	6.28		56.85	18.31		4.31	2.92	
河　　南	0.26	1.64		11.55	8.17		47.48	23.78		4.11	2.91	
湖　　北	0.29	0.46		12.09	9.04		64.27	42.65		5.32	4.72	
湖　　南	0.30	5.13		8.86	9.63		29.60	13.30		3.34	1.38	
广　　东	0.43	0.61		8.38	4.77		42.83	14.67		5.11	3.08	
广　　西	0.95	0.47		6.53	7.58		29.55	21.56		4.53	2.84	
海　　南	0.22			8.29			37.80			4.56		
重　　庆	0.13	0.17		17.97	17.59		74.81	38.69		4.16	2.20	
四　　川	0.32	0.38		7.79	9.93		36.13	22.27		4.64	2.24	
贵　　州	0.12	0.20		19.55	5.75		67.36	10.00		3.45	1.74	
云　　南	0.15	0.33		10.23	7.12		53.97	17.04		5.27	2.39	
西　　藏	0.10	0.10		7.71	3.47		25.00	15.00		3.24	4.33	
陕　　西	0.27	0.34		12.00	8.13		37.11	18.58		3.09	2.28	
甘　　肃	0.24	1.24		12.54	12.92		39.28	24.83		3.13	1.92	
青　　海	0.17			10.72			44.08			4.11		
宁　　夏	0.09	0.22		21.54	12.78		60.25	37.12		2.80	2.91	
新　　疆	0.26	0.66		6.29	5.46		17.03	9.19		2.71	1.68	
兵　　团	0.19	0.25		11.47	2.25		32.96	22.00		2.87	9.78	

各地区使用《中国标准书号》各类图书的平均印数、平均印张、平均定价和平均印张定价（续表18）

T　工业技术

	平均印数（万册/种）			平均印张（印张/册）			平均定价（元/册）			平均印张定价（元/印张）		
	新版	重印	租型	新版	重印	租型	新版	重印	租型	新版	重印	租型
全国总计	**0.32**	**0.33**		**16.88**	**18.10**		**59.52**	**41.47**		**3.53**	**2.29**	
中　央	**0.34**	**0.33**		**17.76**	**18.87**		**60.94**	**42.55**		**3.43**	**2.25**	
地　方	**0.29**	**0.37**		**14.82**	**14.95**		**56.20**	**37.03**		**3.79**	**2.48**	
北　京	0.48	1.05		14.48	15.05		55.53	39.97		3.84	2.66	
天　津	0.28	0.24		14.74	16.43		70.90	41.05		4.81	2.50	
河　北	0.07	0.29		18.26	11.55		52.28	27.98		2.86	2.42	
山　西	0.18	0.30		14.79	8.26		65.73	27.00		4.45	3.27	
内蒙古	0.18	0.27		10.70	9.55		54.13	20.14		5.06	2.11	
辽　宁	0.28	0.26		13.60	13.87		58.58	38.10		4.31	2.75	
吉　林	0.22	1.16		16.94	8.00		50.60	16.65		2.99	2.08	
黑龙江	0.17	0.24		15.65	16.29		45.48	32.98		2.91	2.02	
上　海	0.28	0.33		17.36	19.62		67.51	40.99		3.89	2.09	
江　苏	0.32	0.34		14.20	15.53		58.06	40.56		4.09	2.61	
浙　江	0.27	0.27		14.00	16.01		78.64	46.70		5.62	2.92	
安　徽	0.24	0.28		13.99	17.07		46.07	36.59		3.29	2.14	
福　建	0.43	0.67		13.05	14.59		67.39	33.31		5.16	2.28	
江　西	0.29	1.18		11.79	15.53		54.74	33.39		4.64	2.15	
山　东	0.61	0.56		12.79	12.73		39.20	33.23		3.07	2.61	
河　南	0.22	0.36		12.65	12.57		54.28	38.26		4.29	3.04	
湖　北	0.28	0.29		16.37	17.64		61.91	38.43		3.78	2.18	
湖　南	0.40	0.30		13.75	16.03		48.36	36.19		3.52	2.26	
广　东	0.31	0.21		12.93	14.63		52.16	36.00		4.04	2.46	
广　西	0.65	1.25		12.10	10.25		84.65	42.25		7.00	4.12	
海　南	0.35	0.69		9.84	17.01		54.64	41.59		5.55	2.45	
重　庆	0.27	0.23		15.16	15.34		50.76	33.81		3.35	2.20	
四　川	0.29	0.49		13.62	11.83		42.80	31.36		3.14	2.65	
贵　州	0.31	0.46		66.78	18.57		222.93	41.00		3.34	2.21	
云　南	0.21	0.40		12.84	14.33		59.48	44.60		4.63	3.11	
西　藏	0.15			13.93			37.63			2.70		
陕　西	0.23	0.34		16.30	16.56		42.28	38.28		2.59	2.31	
甘　肃	0.12	0.37		12.75	13.40		42.90	31.99		3.36	2.39	
青　海	0.08	0.20		19.93	8.03		59.84	16.67		3.00	2.08	
宁　夏	0.08	0.08		15.60	15.38		53.48	35.50		3.43	2.31	
新　疆	0.08	0.35		5.68	11.07		14.35	44.14		2.53	3.99	
兵　团	0.04			6.80			52.27			7.69		

各地区使用《中国标准书号》各类图书的
平均印数、平均印张、平均定价和平均印张定价（续表19）

U 交通运输

	平均印数（万册/种）			平均印张（印张/册）			平均定价（元/册）			平均印张定价（元/印张）		
	新版	重印	租型	新版	重印	租型	新版	重印	租型	新版	重印	租型
全国总计	**0.33**	**0.50**		**12.77**	**13.72**		**46.75**	**36.90**		**3.66**	**2.69**	
中　　央	**0.30**	**0.53**		**14.18**	**13.88**		**52.75**	**37.29**		**3.72**	**2.69**	
地　　方	**0.41**	**0.36**		**10.61**	**12.82**		**37.58**	**34.67**		**3.54**	**2.70**	
北　　京	0.48	2.35		10.68	6.66		37.25	23.47		3.49	3.52	
天　　津	0.13	0.19		13.02	11.67		49.35	34.27		3.79	2.94	
河　　北	0.08	0.60		23.00	2.00		65.00	32.80		2.83	16.40	
山　　西	0.14			28.58			205.30			7.18		
内 蒙 古	0.30	0.80		2.65	3.71		18.00	16.00		6.79	4.32	
辽　　宁	0.27	0.29		14.02	16.33		42.31	48.44		3.02	2.97	
吉　　林	0.36	1.00		11.16	5.87		30.55	17.35		2.74	2.95	
黑 龙 江	0.28	0.21		14.99	14.75		38.70	30.86		2.58	2.09	
上　　海	0.24	0.16		17.05	18.22		88.15	35.00		5.17	1.92	
江　　苏	0.29	0.34		12.54	17.63		47.88	42.71		3.82	2.42	
浙　　江	9.70	0.57		3.57	9.14		12.69	32.69		3.56	3.58	
安　　徽	0.21	0.17		11.06	14.48		42.21	34.42		3.82	2.38	
福　　建	0.30	0.30		15.38	2.85		39.87	23.80		2.59	8.34	
江　　西	1.00	1.20		8.00	10.75		88.00	25.00		11.00	2.33	
山　　东	0.41	0.71		12.29	11.92		35.74	32.93		2.91	2.76	
河　　南	0.14	0.22		7.04	13.79		33.71	30.95		4.79	2.24	
湖　　北	0.21	0.18		15.36	17.12		67.84	33.23		4.42	1.94	
湖　　南	0.34	0.20		14.93	15.65		39.09	33.64		2.62	2.15	
广　　东	1.23	0.54		8.79	13.59		31.00	30.86		3.53	2.27	
广　　西	0.48	0.27		7.30	10.88		44.16	26.86		6.05	2.47	
海　　南	0.11			15.23			43.88			2.88		
重　　庆	1.46	0.25		11.84	14.70		38.37	33.61		3.24	2.29	
四　　川	0.22	0.25		13.23	14.22		38.81	33.97		2.93	2.39	
贵　　州												
云　　南	0.08	0.81		11.51	14.79		37.49	41.06		3.26	2.78	
西　　藏												
陕　　西	0.28	0.72		12.25	10.87		45.41	41.81		3.71	3.85	
甘　　肃		0.10			21.25			38.00			1.79	
青　　海	0.10			12.75			48.00			3.76		
宁　　夏												
新　　疆		0.50			15.50			58.00			3.74	
兵　　团												

各地区使用《中国标准书号》各类图书的平均印数、平均印张、平均定价和平均印张定价（续表20）

V 航空、航天

	平均印数（万册/种）			平均印张（印张/册）			平均定价（元/册）			平均印张定价（元/印张）		
	新版	重印	租型	新版	重印	租型	新版	重印	租型	新版	重印	租型
全国总计	**0.27**	**0.38**		**13.63**	**11.97**		**66.50**	**39.95**		**4.88**	**3.34**	
中　央	**0.24**	**0.22**		**14.41**	**17.13**		**66.57**	**49.06**		**4.62**	**2.86**	
地　方	**0.34**	**0.68**		**12.61**	**8.60**		**66.40**	**34.01**		**5.27**	**3.95**	
北　京	0.61	0.85		11.81	6.94		93.92	18.22		7.95	2.62	
天　津	0.86			3.36			51.81			15.44		
河　北												
山　西	0.83	0.30		10.31	9.47		31.44	15.00		3.05	1.58	
内蒙古	0.30			2.65			18.00			6.79		
辽　宁	0.34			16.98			92.57			5.45		
吉　林	0.04	0.45		10.69	9.19		24.00	23.93		2.25	2.60	
黑龙江	0.13	0.11		8.35	15.51		81.68	35.50		9.79	2.29	
上　海	0.23	0.10		20.05	13.00		114.15	39.80		5.69	3.06	
江　苏	0.17	0.20		7.95	14.50		38.36	32.00		4.83	2.21	
浙　江	0.80	0.60		4.44	8.60		59.90	31.20		13.49	3.63	
安　徽	0.82	0.11		3.82	12.00		44.72	30.00		11.72	2.50	
福　建	0.10	0.30		15.75	2.85		58.00	23.80		3.68	8.34	
江　西	0.35	2.70		20.36	11.90		56.00	24.04		2.75	2.02	
山　东	0.10			4.96			28.80			5.81		
河　南	0.01	0.81		6.74	7.44		29.00	29.80		4.30	4.01	
湖　北	0.40	0.20		11.81	23.50		40.50	38.00		3.43	1.62	
湖　南	0.02	0.15		14.75	17.92		32.00	37.21		2.17	2.08	
广　东	1.45			5.22			17.24			3.30		
广　西	2.00	0.89		4.94	8.50		20.00	30.00		4.05	3.53	
海　南	0.50			8.95			35.00			3.91		
重　庆												
四　川	0.31	0.24		19.60	16.65		58.98	39.80		3.01	2.39	
贵　州												
云　南												
西　藏												
陕　西	0.17	1.06		17.17	5.30		68.26	45.90		3.98	8.66	
甘　肃												
青　海												
宁　夏												
新　疆	0.39			14.96			33.03			2.21		
兵　团												

各地区使用《中国标准书号》各类图书的平均印数、平均印张、平均定价和平均印张定价（续表21）

X　环境科学

	平均印数（万册/种）			平均印张（印张/册）			平均定价（元/册）			平均印张定价（元/印张）		
	新版	重印	租型	新版	重印	租型	新版	重印	租型	新版	重印	租型
全国总计	**0.40**	**0.41**		**8.82**	**11.01**		**36.92**	**28.13**		**4.19**	**2.56**	
中　　央	**0.29**	**0.29**		**11.78**	**13.37**		**47.75**	**33.62**		**4.05**	**2.51**	
地　　方	**0.61**	**0.67**		**6.14**	**8.71**		**27.11**	**22.78**		**4.42**	**2.62**	
北　　京	0.66	1.11		10.24	8.42		22.79	19.17		2.23	2.28	
天　　津	0.31	1.66		8.36	3.76		51.05	9.03		6.11	2.40	
河　　北	0.03	4.35		14.47	15.14		34.46	8.93		2.38	0.59	
山　　西	0.09	0.10		26.80	18.53		145.04	150.00		5.41	8.10	
内 蒙 古	0.20	0.05		12.07	8.67		57.10	13.50		4.73	1.56	
辽　　宁	0.12	0.88		16.08	5.39		58.63	57.11		3.65	10.59	
吉　　林	0.35	1.34		9.77	7.60		29.71	11.98		3.04	1.58	
黑 龙 江	0.13	0.43		15.81	9.42		50.94	30.92		3.22	3.28	
上　　海	0.37	0.21		5.62	8.06		28.08	19.02		5.00	2.36	
江　　苏	0.34	0.24		11.09	14.91		57.81	31.60		5.21	2.12	
浙　　江	1.50	1.42		5.00	7.63		19.93	20.47		3.99	2.68	
安　　徽	0.15	0.44		11.44	4.54		38.49	13.24		3.36	2.92	
福　　建	8.47	0.10		4.58	10.10		11.55	30.19		2.52	2.99	
江　　西	0.31	2.10		12.73	12.13		211.23	25.00		16.59	2.06	
山　　东	0.08			9.95			44.88			4.51		
河　　南	0.64	1.16		6.57	9.16		27.36	28.55		4.16	3.12	
湖　　北	0.15	0.20		10.79	19.61		40.07	39.88		3.71	2.03	
湖　　南	2.65			3.25			20.42			6.28		
广　　东	0.70	0.45		6.45	9.17		30.04	32.91		4.66	3.59	
广　　西	1.36	1.36		7.82	7.70		30.67	18.80		3.92	2.44	
海　　南	0.20			18.00			28.80			1.60		
重　　庆		1.89			9.95			16.97			1.70	
四　　川	1.38	0.32		2.75	6.50		9.45	21.97		3.44	3.38	
贵　　州	0.12			14.75			60.78			4.12		
云　　南	0.30	0.10		14.60	4.00		45.29	18.00		3.10	4.50	
西　　藏	0.15			5.37			26.00			4.84		
陕　　西	0.27	1.16		10.44	9.71		32.35	43.45		3.10	4.47	
甘　　肃	0.11			17.37			94.25			5.42		
青　　海	0.26	0.31		12.86	13.22		172.54	40.00		13.42	3.03	
宁　　夏	0.15			14.00			40.11			2.86		
新　　疆	0.17	0.20		5.87	27.96		23.39	67.00		3.99	2.40	
兵　　团												

各地区使用《中国标准书号》各类图书的平均印数、平均印张、平均定价和平均印张定价（续表22）

Z 综合性图书

	平均印数（万册/种）			平均印张（印张/册）			平均定价（元/册）			平均印张定价（元/印张）		
	新版	重印	租型	新版	重印	租型	新版	重印	租型	新版	重印	租型
全国总计	**0.39**	**1.85**		**14.35**	**10.83**		**73.36**	**37.51**		**5.11**	**3.46**	
中　央	**0.52**	**2.11**		**13.17**	**10.42**		**64.36**	**40.98**		**4.89**	**3.93**	
地　方	**0.34**	**1.72**		**15.23**	**11.07**		**79.98**	**35.45**		**5.25**	**3.20**	
北　京	0.83	1.75		13.04	11.46		60.25	27.27		4.62	2.38	
天　津	0.89	0.63		18.42	14.86		86.09	88.58		4.67	5.96	
河　北	0.42	0.52		12.76	6.26		79.00	18.73		6.19	2.99	
山　西	0.22	0.30		21.10	14.00		98.74	28.00		4.68	2.00	
内蒙古	0.16	0.05		22.12	35.00		97.20	105.00		4.39	3.00	
辽　宁	0.28	0.23		14.24	8.19		55.50	50.97		3.90	6.22	
吉　林	0.08	1.12		14.45	10.02		36.89	21.09		2.55	2.10	
黑龙江	0.13	0.15		20.73	8.46		81.02	18.53		3.91	2.19	
上　海	0.35	1.75		15.27	18.58		87.60	48.82		5.74	2.63	
江　苏	0.93	0.53		6.23	16.13		40.85	61.76		6.55	3.83	
浙　江	0.75	3.65		14.55	12.04		60.93	30.95		4.19	2.57	
安　徽	0.47	3.03		10.01	6.56		112.00	41.85		11.19	6.38	
福　建	0.16	0.36		31.19	10.13		149.45	64.99		4.79	6.41	
江　西	0.70	4.72		11.13	9.56		38.49	23.43		3.46	2.45	
山　东	0.33	0.73		9.54	15.95		56.63	33.79		5.94	2.12	
河　南	0.10	0.17		31.51	14.95		234.01	45.33		7.43	3.03	
湖　北	0.11	0.66		27.23	8.87		117.29	30.38		4.31	3.43	
湖　南	0.49			19.91			56.12			2.82		
广　东	0.22	0.49		22.86	17.55		163.16	202.39		7.14	11.53	
广　西	0.64	1.64		9.85	7.76		83.68	46.44		8.49	5.98	
海　南	0.16	0.30		26.82	9.57		137.05	25.00		5.11	2.61	
重　庆	0.21			20.39			217.31			10.66		
四　川	0.60	1.69		8.97	15.18		46.37	49.65		5.17	3.27	
贵　州	0.32			15.12			75.21			4.97		
云　南	0.13	0.57		24.62	12.09		166.18	43.99		6.75	3.64	
西　藏	0.10			20.40			230.69			11.31		
陕　西	0.13	5.65		26.99	2.73		156.66	51.23		5.80	18.77	
甘　肃	0.17	0.50		24.83	7.85		112.73	23.80		4.54	3.03	
青　海	0.34			10.88			75.45			6.94		
宁　夏	0.12			25.17			202.89			8.06		
新　疆	0.58	0.38		91.75	7.11		234.40	16.85		2.55	2.37	
兵　团	0.06			30.55			221.09			7.24		

各类课本的平均印数、平均印张、平均定价和平均印张定价

	平均印数（万册/种）			平均印张（印张/册）			平均定价（元/册）			平均印张定价（元/印张）		
	新版	重印	租型	新版	重印	租型	新版	重印	租型	新版	重印	租型
课 本 合 计	**1.08**	**2.55**	**16.61**	**9.82**	**8.13**	**7.35**	**21.08**	**12.22**	**7.63**	**2.15**	**1.50**	**1.04**
（1）大专及以上课本	0.45	0.50	0.09	16.51	17.96	30.12	41.44	35.84	50.25	2.51	2.00	1.67
（2）中专、技校课本	0.43	1.05	1.05	12.53	12.74	12.35	31.21	23.95	16.32	2.49	1.88	1.32
（3）中学课本	8.18	12.58	16.48	7.02	7.09	8.31	8.31	7.84	8.38	1.18	1.11	1.01
（4）小学课本	11.26	13.44	17.93	4.29	5.16	6.09	6.38	6.60	6.61	1.49	1.28	1.09
（5）业余教育课本	0.75	1.01	1.94	18.66	15.83	5.34	51.35	37.16	7.80	2.75	2.35	1.46
（6）扫盲课本	0.30	61.50		4.22	10.97		26.67	46.90		6.31	4.27	
（7）教学用书	0.81	0.59	0.38	13.70	13.07	12.63	32.15	31.87	32.77	2.35	2.44	2.59

全国少数民族文字图书出版数量与去年相比增减百分比

	图书总计				使用《中国标准书号》部分							
					书籍				课本			
	种数		印数	印张	种数		印数	印张	种数		印数	印张
	合计	新版			合计	新版			合计	新版		
全国总计	**-8.94**	**-12.81**	**-25.93**	**-24.26**	**-6.30**	**-9.74**	**-35.39**	**-30.81**	**-14.16**	**-37.06**	**-17.63**	**-18.56**
中　　央	-4.04	2.19	-26.49	-43.47	-4.23	3.20	-28.40	-45.57	-2.00	-14.29	25.00	3.00
地　　方	-9.26	-14.29	-25.90	-22.81	-6.49	-11.09	-36.04	-28.31	-14.36	-38.16	-17.75	-18.69

续表

	不使用《中国标准书号》部分——图片合计			
	种　数		印　数	印　张
	合　计	新　版		
全国总计	**-66.67**	**-100.00**	**-50.00**	**-73.68**
中　　央				
地　　方	-66.67	-100.00	-50.00	-73.68

全国少数民族文字

	图书总计				使用《中国标			
					书籍			
	种数（种）		印数	印张	种数（种）		印数	印张
	合计	新版	（万册、张）	（千印张）	合计	新版	（万册、张）	（千印张）
全国合计	**8592**	**3559**	**6102**	**498009**	**5888**	**3272**	**2479**	**211182**
中央合计	**547**	**373**	**247**	**26069**	**498**	**355**	**232**	**24010**
地　方	**8045**	**3186**	**5855**	**471940**	**5390**	**2917**	**2247**	**187172**
内蒙古	2194	814	1405	106914	1417	722	570	43798
辽　宁	226	124	69	4356	188	104	55	3521
吉　林	722	235	199	15857	442	199	123	9379
黑龙江	81	39	11	1281	81	39	11	1281
广　西	35	33	55	3063	19	18	9	499
四　川	718	246	398	41049	493	240	167	22164
贵　州	22	17	3	582	22	17	3	582
云　南	302	287	67	9038	258	245	47	7139
西　藏	454	219	501	36501	324	218	185	15364
甘　肃	168	134	49	5373	168	134	48	5287
青　海	321	71	295	24294	170	65	63	6476
新　疆	2802	967	2803	223632	1808	916	966	71682

注：本年出版少数民族文字图书的文种有：布依文、朝鲜文、傣文、德宏傣文、侗文、规范彝文、哈尼文、哈萨克文、景颇
壮文等20余种。

图书出版数量

准书号》部分				不使用《中国标准书号》部分——图片合计				附：活页文选、影印书等用纸	
课　本									
种数（种）		印数（万册、张）	印张（千印张）	种数（种）		印数（万册、张）	印张（千印张）	印数（万册、张）	印张（千印张）
合计	新版			合计	新版				
2703	**287**	**3621**	**286719**	**1**		**1**	**5**	**1**	**103**
49	**18**	**15**	**2059**						
2654	**269**	**3606**	**284660**	**1**		**1**	**5**	**1**	**103**
777	92	835	63116						
37	20	13	830	1		1	5		
280	36	76	6478						
16	15	46	2564						
225	6	231	18885						
44	42	20	1899						
130	1	316	21137						
								1	86
151	6	232	17818						
994	51	1837	151933						17

文、柯尔克孜文、拉祜文、傈僳文、蒙古文、苗文、纳西文、佤文、维吾尔文、西双版纳文、锡伯文、瑶文、载佤文、藏文、

二、期刊出版

全国各地区各类期刊

	合计					
	种数（种）	平均期印数（万册）	总印数（万册）	总印张（千印张）	总金额（万元）	种数（种）
全国总计	**10130**	**13084.96**	**249213**	**13666092**	**2238941**	**365**
中　央	**3067**	**5162.23**	**82974**	**5494410**	**967018**	**66**
地　方	**7063**	**7922.73**	**166239**	**8171681**	**1271922**	**299**
北　京	175	162.59	3030	211344	35604	2
天　津	255	181.91	2860	147733	29468	3
河　北	227	193.32	4228	192355	31334	10
山　西	202	117.31	2217	138404	23606	3
内蒙古	152	74.95	1398	72982	9160	3
辽　宁	321	427.87	7834	325506	49275	6
吉　林	241	226.51	7437	345213	48962	3
黑龙江	315	198.51	4390	242055	35745	9
上　海	639	578.94	9432	514633	89420	14
江　苏	471	369.84	11544	509825	102905	18
浙　江	229	512.19	7534	321014	57665	21
安　徽	186	259.07	4399	200079	37613	25
福　建	176	168.88	3032	149111	23827	8
江　西	166	263.87	7385	225082	35951	6
山　东	272	423.43	9761	427391	58734	18
河　南	248	321.30	8517	410059	54315	21
湖　北	430	631.90	14335	757916	93949	21
湖　南	259	525.40	11684	544426	79537	13
广　东	388	594.43	11428	607564	96830	27
广　西	184	178.45	4090	177766	30756	12
海　南	44	39.28	750	53908	8200	2
重　庆	138	212.32	4707	274828	47599	4
四　川	357	281.85	5128	286721	52176	14
贵　州	93	73.97	1734	88966	15543	6
云　南	128	152.93	2830	130899	19024	6
西　藏	39	22.10	248	15433	2389	1
陕　西	287	165.67	2976	180273	29041	6
甘　肃	134	393.78	8763	475889	52614	7
青　海	54	17.74	283	17059	2318	
宁　夏	37	27.29	649	47627	8039	1
新　疆	199	113.85	1502	73566	9201	8
兵　团	17	11.29	134	6055	1123	1

注：含高校学报、公报、政报、年鉴 1597 种，平均期印数 330 万册，总印数 4172 万册，总印张 622226 千印张。

出版数量

综合				哲学、社会科学				
平均期印数（万册）	总印数（万册）	总印张（千印张）	总金额（万元）	种数（种）	平均期印数（万册）	总印数（万册）	总印张（千印张）	总金额（万元）
791.59	**16679**	**891638**	**117468**	**2676**	**6650.94**	**119654**	**6062602**	**1037690**
95.09	**2242**	**150773**	**26748**	**931**	**3565.86**	**57821**	**3054555**	**576746**
696.50	**14437**	**740865**	**90721**	**1745**	**3085.08**	**61833**	**3008047**	**460944**
0.25	1	127	60	51	65.81	1396	82258	13722
1.80	21	1323	206	50	53.26	962	44659	7571
2.35	28	1750	553	57	88.38	1708	73718	11084
1.05	32	2382	777	51	49.34	782	43171	7821
1.15	12	876	183	51	48.05	808	38162	4800
2.97	45	2622	472	72	250.72	5131	205157	28250
1.86	39	2753	646	63	53.85	1513	70500	9344
3.19	31	2231	447	75	92.75	1789	94668	13558
6.45	62	5677	1094	144	189.16	3709	197814	33527
5.55	89	4689	1551	105	141.21	4438	195330	39549
3.40	23	1549	308	49	117.41	1939	100260	20017
2.93	17	1587	334	34	66.82	1104	51580	8665
4.77	54	2249	642	55	113.78	2206	97754	14945
2.62	63	4218	1044	48	80.45	1890	63097	9556
10.16	257	11978	2143	76	218.96	3514	205276	25172
2.69	16	1522	262	69	159.08	3789	195373	23808
253.03	5015	210140	22679	107	170.54	4004	183390	26257
2.12	14	1179	222	53	137.99	2752	124834	18338
23.63	331	20892	3857	98	273.08	5582	296966	43344
5.61	141	7129	1168	50	77.43	1390	67192	9779
8.20	96	10820	1792	13	9.67	128	7114	1248
2.20	74	5998	1530	32	132.22	2048	103272	18245
21.85	658	18732	4226	77	125.92	2333	131409	22545
2.34	33	2033	612	29	47.15	1172	65828	10945
1.04	18	1430	394	38	79.62	1128	48298	6708
0.30	1	102	6	12	11.72	100	5044	739
4.35	78	4615	772	57	77.43	1443	75901	11511
296.29	6928	393834	42278	34	68.20	1387	53706	6528
				19	8.17	137	5484	828
0.45	5	675	198	14	20.09	545	37982	5652
21.89	254	15744	263	56	51.92	919	38777	6322
0.03	0.10	9	0.40	6	4.92	88	4074	569

	自然科学、技术						
	种数（种）	平均期印数（万册）	总印数（万册）	总印张（千印张）	总金额（万元）	种数（种）	平均期印数（万册）
全国总计	**5027**	**2298.14**	**33349**	**2620875**	**434217**	**1397**	**2504.79**
中　央	**1568**	**866.45**	**11323**	**1320718**	**203320**	**358**	**494.82**
地　方	**3459**	**1431.70**	**22026**	**1300157**	**230897**	**1039**	**2009.97**
北　京	77	29.87	429	33259	6653	33	57.19
天　津	148	60.55	742	44230	10490	33	28.79
河　北	110	47.86	729	51842	10111	36	43.65
山　西	92	28.17	332	26562	4242	35	25.41
内蒙古	51	13.70	356	21111	2390	24	5.36
辽　宁	180	81.27	1017	58563	10634	45	85.08
吉　林	103	22.05	342	29699	5539	45	41.26
黑龙江	162	42.74	873	44376	6843	51	41.29
上　海	361	152.34	1814	126265	24475	80	104.98
江　苏	262	107.34	2002	89351	16877	58	85.03
浙　江	111	41.00	419	24971	4699	31	329.80
安　徽	88	49.38	594	38958	4920	26	120.88
福　建	72	24.07	223	21024	3711	30	17.73
江　西	70	19.44	274	15089	2437	32	153.45
山　东	133	50.73	1090	49963	7876	30	122.75
河　南	114	41.92	1002	53367	8638	24	84.64
湖　北	210	65.11	856	63874	12746	62	54.92
湖　南	133	99.02	1472	71708	12099	44	258.42
广　东	183	218.61	4015	199548	33051	48	60.21
广　西	77	36.68	634	29720	5677	30	54.24
海　南	15	6.81	144	8130	1086	11	13.55
重　庆	80	26.55	577	46336	8492	19	50.46
四　川	204	63.46	748	61749	11054	44	62.71
贵　州	35	6.69	66	5005	1008	16	15.01
云　南	51	17.14	330	17279	3030	21	17.98
西　藏	8	1.73	6	274	45	13	7.45
陕　西	173	43.98	652	47671	8545	37	29.48
甘　肃	66	11.97	111	9621	1661	20	16.25
青　海	18	2.09	11	718	100	9	4.53
宁　夏	11	2.62	28	2351	437	7	2.72
新　疆	55	14.59	117	6435	1157	44	14.67
兵　团	6	2.23	21	1105	177	1	0.06

出版数量（续表 1）

文化、教育			文学、艺术				
总印数（万册）	总印张（千印张）	总金额（万元）	种数（种）	平均期印数（万册）	总印数（万册）	总印张（千印张）	总金额（万元）
58717	**2930625**	**470295**	**665**	**839.49**	**20814**	**1160351**	**179271**
8722	**781171**	**120765**	**144**	**140.01**	**2865**	**187193**	**39440**
49995	**2149454**	**349530**	**521**	**699.49**	**17949**	**973158**	**139831**
1071	82536	13284	12	9.47	133	13163	1885
528	22477	4861	21	37.51	606	35043	6340
1568	52205	7814	14	11.08	195	12840	1773
843	53482	8458	21	13.35	229	12806	2309
133	7328	962	23	6.69	90	5506	825
1483	50340	8414	18	7.84	158	8824	1504
1122	43624	7646	27	107.49	4421	198637	25787
1242	71899	11771	18	18.55	455	28880	3126
1511	86022	15997	40	126.00	2336	98855	14327
4176	181755	35938	28	30.71	840	38699	8991
4754	176096	28803	17	20.58	399	18139	3838
2371	83578	14166	13	19.05	314	24376	9528
416	20666	3338	11	8.53	132	7418	1192
4949	133958	21173	10	7.90	209	8720	1741
4200	140337	20068	15	20.83	699	19838	3476
2680	109877	12765	20	32.97	1030	49919	8842
1377	70395	10779	30	88.30	3083	230117	21488
6593	295858	42849	16	27.86	854	50847	6030
1233	67464	12837	32	18.91	267	22694	3741
1887	71184	13734	15	4.48	37	2541	399
374	27060	3956	3	1.05	9	783	118
2000	118800	19274	3	0.89	7	421	57
1221	60649	12090	18	7.92	169	14183	2261
407	10553	2011	7	2.78	56	5547	967
496	25948	3650	12	37.14	858	37944	5242
137	9735	1564	5	0.90	4	278	35
603	37733	5773	14	10.43	201	14352	2440
330	18119	2073	7	1.07	8	608	74
98	7861	990	8	2.96	37	2995	400
55	5060	1616	4	1.42	15	1558	136
139	6833	875	36	10.77	73	5778	584
0.36	19	2	3	4.06	24	849	375

全国各地区少儿期刊、画刊出版数量

	少儿期刊					画刊				
	种数（种）	平均期印数（万册）	总印数（万册）	总印张（千印张）	总金额（万元）	种数（种）	平均期印数（万册）	总印数（万册）	总印张（千印张）	总金额（万元）
全国总计	**211**	**1596.32**	**44612**	**1463866**	**295800**	**55**	**56.35**	**835**	**72028**	**15071**
中　　央	**34**	**265.70**	**7729**	**226118**	**67517**	**20**	**32.94**	**462**	**47181**	**7110**
地　　方	**177**	**1330.62**	**36882**	**1237748**	**228283**	**35**	**23.42**	**373**	**24847**	**7961**
北　　京	4	6.45	94	4028	948					
天　　津	8	12.53	364	11120	3811	1	0.77	5	321	91
河　　北	3	17.86	671	16036	3202	2	1.51	24	1351	495
山　　西	3	2.89	60	2080	390	1	0.85	31	2277	765
内 蒙 古	5	10.59	232	9868	1273	1	0.25	2	68	27
辽　　宁	7	41.85	741	21674	5411					
吉　　林	7	14.71	469	18825	3864	1	0.40	10	742	288
黑 龙 江	8	28.06	808	35003	5324	2	1.50	13	1056	260
上　　海	21	75.64	1469	41311	10360	1	0.43	5	255	78
江　　苏	13	93.73	4984	166159	45412	1	0.77	37	1264	734
浙　　江	9	264.72	3527	94530	19419	2	1.13	13	650	119
安　　徽	9	95.54	1582	38334	7700	1	0.55	5	272	139
福　　建	3	9.66	348	9995	2590	1	0.36	4	265	86
江　　西	6	29.30	1020	20154	3411	2	1.80	41	3141	1015
山　　东	6	96.89	3501	85287	13711					
河　　南	4	8.91	314	11869	2742					
湖　　北	5	133.05	5018	222174	24699	2	1.29	39	2690	1067
湖　　南	10	161.98	4676	180631	26681	1	0.55	7	701	119
广　　东	10	54.87	1414	39898	8274	4	3.82	48	4168	915
广　　西	8	27.38	1096	30786	7574	2	0.54	5	292	93
海　　南										
重　　庆	2	15.00	720	35309	7202					
四　　川	8	25.18	774	34327	7290	1	0.43	5	469	118
贵　　州						1	1.20	29	1405	432
云　　南	4	40.40	1037	44848	6585	1	0.50	15	1124	363
西　　藏	1	1.40	34	1008	235					
陕　　西	5	22.53	749	29051	4977	2	1.02	12	1160	244
甘　　肃	3	27.74	887	24674	3206					
青　　海	1	2.00	72	2268	360					
宁　　夏						1	0.45	5	675	198
新　　疆	4	9.78	223	6501	1632	3	0.00	0	0	0
兵　　团						1	3.30	20	499	317

各类期刊占期刊出版总数的百分比

	种数	总印数	总印张	总金额
综　　　合	3.60	6.69	6.52	5.25
哲学、社会科学	26.42	48.01	44.36	46.35
自然科学、技术	49.62	13.38	19.18	19.39
文　化、教　育	13.79	23.56	21.44	21.01
文　学、艺　术	6.56	8.35	8.49	8.01
少　儿　期　刊	2.08	17.90	10.71	13.21
画　　　刊	0.54	0.33	0.53	0.67
动　漫　期　刊	0.37	2.08	2.25	1.65

主要刊期的期刊出版数量

	月刊					双月刊					季刊				
	种数（种）	平均期印数（万册）	总印数（万册）	总印张（千印张）	总金额（万元）	种数（种）	平均期印数（万册）	总印数（万册）	总印张（千印张）	总金额（万元）	种数（种）	平均期印数（万册）	总印数（万册）	总印张（千印张）	总金额（万元）
全　国	**3502**	**5848**	**70153**	**4325120**	**748909**	**3343**	**899**	**5423**	**429299**	**90482**	**1189**	**231**	**920**	**57583**	**14910**
中　央	**1376**	**2538**	**30533**	**2065362**	**383037**	**695**	**281**	**1695**	**130056**	**35934**	**248**	**97**	**392**	**19246**	**6768**
地　方	**2126**	**3310**	**39620**	**2259758**	**365872**	**2648**	**617**	**3728**	**299244**	**54548**	**941**	**134**	**528**	**38338**	**8142**
北　京	70	94	1125	92877	15866	45	9	56	4570	1033	23	4	14	1238	220
天　津	98	80	960	64234	10492	93	31	190	14326	2713	21	3	12	737	203
河　北	55	83	991	53308	8982	71	13	81	6593	1191	38	4	17	1475	185
山　西	62	56	669	42555	8286	69	16	91	7027	1305	29	5	20	1405	295
内蒙古	46	30	367	19045	2630	57	8	49	3588	486	17	2	7	570	101
辽　宁	122	190	2282	98193	17668	129	25	150	11196	2882	28	4	17	1327	210
吉　林	80	39	456	29458	5123	69	11	68	5913	1053	24	2	10	926	633
黑龙江	108	72	859	47640	7426	107	18	106	8901	1400	29	3	11	884	180
上　海	229	303	3679	257189	44640	257	77	470	38547	7803	77	11	43	2559	907
江　苏	95	84	1006	65542	10816	197	50	301	25954	4660	82	10	40	2973	544
浙　江	80	395	4739	216998	36484	80	17	102	7544	1624	34	4	15	996	205
安　徽	52	160	1925	86651	18360	82	19	113	9556	1595	22	3	10	662	122
福　建	49	90	1077	55768	9102	70	16	102	9265	1694	38	5	19	1264	168
江　西	36	65	779	39608	6026	64	11	68	5255	1030	24	3	12	886	134
山　东	61	156	1870	102272	11479	119	36	220	15334	2560	34	6	23	1535	274
河　南	61	50	604	36908	5272	84	15	90	7795	1276	31	4	15	1206	214
湖　北	127	295	3539	211106	25406	163	36	215	18090	3230	34	4	17	1384	271
湖　南	77	222	2675	136931	22627	102	19	117	10404	1556	35	5	21	1711	277
广　东	133	221	2605	170536	31978	142	45	273	18827	3448	42	5	20	1274	348
广　西	64	70	837	45096	6751	69	14	83	6491	843	25	4	15	937	207
海　南	18	20	230	19291	3423	8	1	7	759	103	7	0.78	3	265	45
重　庆	47	107	1265	59714	10199	48	10	59	5430	916	5	1	3	122	42
四　川	110	102	1177	75392	14822	144	36	218	17153	3185	57	9	36	2543	459
贵　州	23	27	334	23289	2995	40	7	42	3331	688	14	5	18	1715	811
云　南	35	81	986	51436	6658	53	8	47	4229	670	14	2	7	474	72
西　藏	7	8	99	7245	1138	11	3	20	2004	270	15	7	28	1510	236
陕　西	80	69	799	56958	9804	109	25	152	14251	2578	35	4	18	1435	267
甘　肃	35	62	739	40946	4767	63	10	59	5965	999	12	2	7	627	90
青　海	9	5	67	3463	495	13	2	14	1105	121	24	4	15	1186	140
宁　夏	13	8	100	7974	1774	9	1	6	669	75	6	1	3	247	29
新　疆	41	63	747	40603	4160	72	22	131	8036	1152	62	8	32	2147	231
兵　团	3	3	32	1533	223	9	5	28	1134	411	3	1	2	117	21

各类期刊的平均印张和平均定价

	每册		每印张定价（元）
	印张	定价（元）	
综合	5.35	7.04	1.32
哲学、社会科学	5.07	8.67	1.71
自然科学、技术	7.86	13.02	1.66
文化、教育	4.99	8.01	1.60
文学、艺术	5.57	8.61	1.54
少儿期刊	3.28	6.63	2.02
画刊	8.63	18.06	2.09
动漫	5.93	7.12	1.20

全国少数民族文字期刊分类出版数量

	合计					综合					哲学、社会科学				
	种数（种）	平均期印数（万册）	总印数（万册）	总印张（千印张）	总金额（万元）	种数（种）	平均期印数（万册）	总印数（万册）	总印张（千印张）	总金额（万元）	种数（种）	平均期印数（万册）	总印数（万册）	总印张（千印张）	总金额（万元）
全国总计	229	118.87	1198.32	57258.95	7464.97	9	2.59	24.32	1089.31	254.00	78	76.31	879.81	39386.11	5052.85
中　　央	19	16.39	110.96	6183.50	1000.66	3	1.08	13.01	552.84	156.10	11	13.84	89.13	4854.86	722.85
地　　方	210	102.48	1087.36	51075.45	6464.31	6	1.51	11.31	536.47	97.90	67	62.47	790.68	34531.25	4330.00
内蒙古	45	27.88	416.10	18587.59	2199.96						19	23.89	382.78	16293.65	1926.14
吉　　林	14	5.41	60.48	4002.82	381.37						5	4.24	50.86	3007.29	288.29
黑龙江	2	0.60	3.60	243.00	27.00										
广　　西	1	0.28	1.70	101.99	5.10										
四　　川	4	1.75	7.20	364.60	69.16						2	1.60	6.40	320.00	57.60
云　　南	3	0.40	1.80	84.48	12.00										
西　　藏	16	8.20	49.50	2125.38	259.73	1	0.30	1.20	102.06	6.00	5	5.18	36.62	1368.42	175.28
甘　　肃	3	0.66	2.32	203.46	14.60						2	0.16	0.32	32.26	1.60
青　　海	12	2.98	17.24	1068.04	75.56						5	1.29	9.88	438.89	24.88
新　　疆	110	54.32	527.42	24294.09	3419.83	5	1.21	10.11	434.41	91.90	29	26.12	303.82	13070.74	1856.21

续表 1

	自然科学、技术					文化、教育					文学、艺术				
	种数（种）	平均期印数（万册）	总印数（万册）	总印张（千印张）	总金额（万元）	种数（种）	平均期印数（万册）	总印数（万册）	总印张（千印张）	总金额（万元）	种数（种）	平均期印数（万册）	总印数（万册）	总印张（千印张）	总金额（万元）
全国总计	40	12.27	91.62	3849.84	608.01	38	11.05	94.68	4108.59	632.85	64	16.65	107.89	8825.10	917.26
中　　央											5	1.47	8.82	775.80	121.71
地　　方	40	12.27	91.62	3849.84	608.01	38	11.05	94.68	4108.59	632.85	59	15.18	99.07	8049.30	795.55
内蒙古	8	1.30	9.96	449.04	78.42	6	0.63	6.58	398.70	46.76	12	2.06	16.78	1446.20	148.64
吉　　林	2	0.14	1.41	96.88	11.29	3	0.47	4.03	268.05	28.32	4	0.56	4.18	630.60	53.47
黑龙江											2	0.60	3.60	243.00	27.00
广　　西											1	0.28	1.70	101.99	5.10
四　　川											2	0.15	0.80	44.60	11.56
云　　南											3	0.40	1.80	84.48	12.00
西　　藏	3	1.27	5.08	188.70	30.80	4	0.90	4.30	308.57	30.45	3	0.55	2.30	157.63	17.20
甘　　肃											1	0.50	2.00	171.20	13.00
青　　海	2	0.24	0.96	62.12	7.88	2	0.40	2.20	171.51	10.40	3	1.05	4.20	395.52	32.40
新　　疆	25	9.31	74.21	3053.10	479.62	23	8.65	77.57	2961.76	516.92	28	9.03	61.71	4774.08	475.18

续表 2

	少儿期刊					画刊				
	种数（种）	平均期印数（万册）	总印数（万册）	总印张（千印张）	总金额（万元）	种数（种）	平均期印数（万册）	总印数（万册）	总印张（千印张）	总金额（万元）
全国总计	6	14.83	270.07	10603.72	1347.25	5	1.08	13.01	552.84	156.10
中　　央						3	1.08	13.01	552.84	156.10
地　　方	6	14.83	270.07	10603.72	1347.25	2	0.00	0.00	0.00	0.00
内蒙古	2	9.43	217.52	8681.77	1087.62					
吉　　林	1	0.78	9.36	589.68	46.80					
黑龙江	1	0.50	3.00	150.00	15.00					
广　　西										
四　　川										
云　　南										
西　　藏										
甘　　肃										
青　　海										
新　　疆	2	4.12	40.19	1182.27	197.83	2	0.00	0.00	0.00	0.00

全国少数民族文字期刊出版数量与上年相比增减百分比

	种数	总印数	总印张	总金额
全　国	1.78	-5.85	-5.36	4.71
中　央	0.00	-13.29	-10.75	-4.92
地　方	1.94	-5.01	-4.66	6.38

三、报纸出版

全国各级报纸出版数量

	合计					中央及省、自治区、直辖市级				
	种数（种）	平均期印数（万份）	总印数（万份）	总印张（千印张）	总金额（万元）	种数（种）	平均期印数（万份）	总印数（万份）	总印张（千印张）	总金额（万元）
全国总计	**1884**	**18669.49**	**3624989**	**107624475**	**3988468**	**981**	**14130.09**	**2448310**	**70710569**	**2808860**
中　　央	**215**	**2992.68**	**781431**	**22459273**	**907328**	**215**	**2992.68**	**781431**	**22459273**	**907328**
地　　方	**1669**	**15676.81**	**2843559**	**85165202**	**3081139**	**766**	**11137.41**	**1666879**	**48251297**	**1901531**
北　　京	34	221.91	57625	2507080	60283	34	221.91	57625	2507080	60283
天　　津	24	141.14	37590	1166239	39305	24	141.14	37590	1166239	39305
河　　北	64	477.15	116454	2438571	116844	27	320.45	73504	1166205	74070
山　　西	60	2469.20	201110	1886606	208593	36	2342.05	177070	1444883	188085
内 蒙 古	58	122.08	28289	629492	27748	23	67.91	13342	337573	13941
辽　　宁	66	529.39	85938	2601828	73566	18	351.67	39098	1138403	34073
吉　　林	51	912.46	76453	1774673	104071	24	800.30	59147	1328467	84716
黑 龙 江	68	316.34	56321	1109249	60968	27	132.86	29363	584932	25515
上　　海	70	418.07	90839	3978863	103757	70	418.07	90839	3978863	103757
江　　苏	81	1128.52	228585	6429230	228658	30	719.38	125143	3092556	119748
浙　　江	66	832.53	230830	7616572	213932	19	316.02	79884	1887220	82137
安　　徽	51	325.29	71577	1555706	64658	19	180.36	37397	695121	34007
福　　建	42	413.55	83957	3042693	94962	19	287.36	41381	1504517	46369
江　　西	40	1006.56	90694	1502631	91134	18	922.45	63486	883182	68849
山　　东	87	809.79	233653	10271127	215668	29	412.60	123782	6603773	115507
河　　南	77	1417.18	178066	4428987	220186	32	1174.20	118811	2801679	148044
湖　　北	73	446.30	105848	2968270	120237	27	158.71	39500	1197218	49372
湖　　南	48	534.40	92913	2338088	94655	22	394.50	54711	1437995	65477
广　　东	99	1073.32	274299	14268079	428234	32	475.17	124602	6867751	240215
广　　西	53	203.34	57997	1395607	56191	20	109.60	28278	765078	27524
海　　南	14	73.38	20914	667259	26006	10	54.88	16034	518967	20326
重　　庆	27	188.28	38600	1458065	43635	24	180.20	36310	1399745	41833
四　　川	85	550.87	141828	3688461	151127	37	318.48	70775	1895602	83017
贵　　州	27	94.35	27611	703507	31599	11	43.14	11855	349901	15700
云　　南	42	139.50	35615	739923	34142	17	90.17	21262	485971	22736
西　　藏	27	49.27	11556	242370	9212	11	26.27	5629	119839	3513
陕　　西	43	225.60	52761	1454775	56920	27	142.61	31936	961545	34802
甘　　肃	50	241.61	47025	844918	41312	23	167.84	25335	373851	26697
青　　海	26	36.09	9094	305083	7222	13	20.44	4890	142977	4581
宁　　夏	14	46.58	10495	268948	11906	8	34.26	6910	183386	8155
新　　疆	82	199.54	42171	772648	36779	32	95.02	16987	346490	14024
兵　　团	20	33.22	6852	109656	7630	3	17.39	4404	84289	5156

全国各级报纸出版数量（续表）

	地、市级					县级				
	种数（种）	平均期印数（万份）	总印数（万份）	总印张（千印张）	总金额（万元）	种数（种）	平均期印数（万份）	总印数（万份）	总印张（千印张）	总金额（万元）
全国总计	**884**	**4510.55**	**1168676**	**36786181**	**1173257**	**19**	**28.85**	**8003**	**127725**	**6351**
中　　央										
地　　方	**884**	**4510.55**	**1168676**	**36786181**	**1173257**	**19**	**28.85**	**8003**	**127725**	**6351**
北　　京										
天　　津										
河　　北	36	155.48	42657	1266512	42438	1	1.22	293	5854	337
山　　西	23	126.83	24010	441415	20450	1	0.32	31	307	58
内 蒙 古	32	52.87	14750	290042	13640	3	1.30	198	1878	167
辽　　宁	45	175.92	46531	1461883	39196	3	1.80	309	1543	296
吉　　林	27	112.16	17306	446206	19355					
黑 龙 江	41	183.48	26959	524318	35453					
上　　海										
江　　苏	51	409.14	103442	3336674	108910					
浙　　江	44	502.20	145859	5633676	127933	3	14.31	5087	95676	3861
安　　徽	32	144.92	34181	860585	30651					
福　　建	23	126.19	42576	1538176	48593					
江　　西	20	80.92	26715	614522	21869	2	3.19	493	4926	416
山　　东	58	397.19	109871	3667355	100161					
河　　南	45	242.98	59255	1627308	72142					
湖　　北	43	282.48	64951	1757088	69819	3	5.11	1396	13963	1047
湖　　南	26	139.90	38201	900093	29179					
广　　东	67	598.15	149698	7400328	188019					
广　　西	33	93.73	29719	630529	28667					
海　　南	4	18.50	4879	148292	5681					
重　　庆	3	8.08	2290	58320	1802					
四　　川	48	232.40	71053	1792859	68110					
贵　　州	16	51.21	15756	353606	15898					
云　　南	25	49.33	14354	253951	11405					
西　　藏	16	23.00	5928	122532	5699					
陕　　西	16	82.99	20826	493230	22118					
甘　　肃	27	73.77	21690	471067	14615					
青　　海	11	14.22	4022	158611	2486	2	1.43	181	3495	155
宁　　夏	6	12.32	3585	85562	3751					
新　　疆	49	104.36	25167	426075	22740	1	0.17	17	83	15
兵　　团	17	15.84	2448	25366	2474					

各级综合报纸出版数量

	合计					中央及省、自治区、直辖市级				
	种数（种）	平均期印数（万份）	总印数（万份）	总印张（千印张）	总金额（万元）	种数（种）	平均期印数（万份）	总印数（万份）	总印张（千印张）	总金额（万元）
全国总计	**852**	**6945.37**	**2290456**	**82892430**	**2458948**	**204**	**3677.16**	**1245808**	**49017133**	**1430233**
中　　央	**20**	**1051.39**	**366105**	**12277850**	**404711**	**20**	**1051.39**	**366105**	**12277850**	**404711**
地　　方	**832**	**5893.98**	**1924350**	**70614580**	**2054237**	**184**	**2625.77**	**879702**	**36739283**	**1025522**
北　　京	12	147.22	50450	2344136	51128	12	147.22	50450	2344136	51128
天　　津	5	70.87	25693	942275	25699	5	70.87	25693	942275	25699
河　　北	26	175.22	56857	1757520	64080	3	50.57	17861	577719	24084
山　　西	23	103.10	30855	710930	35102	6	43.87	11747	314292	18675
内 蒙 古	36	84.45	24689	561423	23424	7	36.13	10504	276225	9778
辽　　宁	38	182.79	58317	2241178	53786	7	64.02	21150	995446	18075
吉　　林	22	92.44	29817	999600	27729	4	45.87	15676	580168	12352
黑 龙 江	29	104.13	34138	758591	31231	7	46.24	15632	379031	13798
上　　海	12	146.25	52465	2981293	66016	12	146.25	52465	2981293	66016
江　　苏	48	456.10	158766	5499183	162985	11	202.97	71722	2600019	73845
浙　　江	42	547.61	191943	6847249	174908	4	166.62	59226	1590825	60101
安　　徽	27	136.98	43447	1171795	41269	3	42.22	13621	393298	13471
福　　建	23	201.38	67390	2245432	78657	6	83.57	25244	724632	31033
江　　西	28	140.65	45554	1163098	40518	7	58.54	18748	545659	18554
山　　东	40	542.53	187186	9298802	177701	9	273.40	96142	6173791	94235
河　　南	34	294.33	92349	3508100	130595	3	109.25	37980	1996126	64623
湖　　北	35	282.04	92473	2692084	94322	6	102.11	32401	1032436	33383
湖　　南	29	173.17	56974	1532627	43816	5	63.94	21397	689164	17599
广　　东	49	835.95	243476	12829405	363675	5	343.33	106534	5739390	198588
广　　西	30	144.95	48393	1211976	45372	7	58.18	19193	593107	17213
海　　南	4	35.41	12766	491811	15975	2	25.83	9289	371572	12499
重　　庆	12	98.78	33373	1344641	32479	9	90.70	31084	1286321	30677
四　　川	42	291.39	99140	2953676	98540	5	101.51	35371	1335025	38221
贵　　州	16	71.30	24066	638499	27334	3	25.04	8692	292375	12013
云　　南	29	99.02	30988	663928	27732	4	49.69	16635	409976	16327
西　　藏	19	33.31	9529	230075	7753	3	10.31	3601	107544	2053
陕　　西	18	126.38	41682	1276180	43849	4	63.75	21932	818502	23104
甘　　肃	25	95.38	28558	591097	20763	5	31.87	7971	139989	7356
青　　海	16	27.16	8260	291359	6280	4	12.51	4108	130813	3690
宁　　夏	8	21.27	6873	164866	7396	3	12.52	4313	120292	4669
新　　疆	47	110.11	32691	579592	28220	10	29.51	8917	173551	7506
兵　　团	8	22.29	5191	92157	5902	3	17.39	4404	84289	5156

各级综合报纸出版数量（续表）

	地、市级					县　级				
	种数（种）	平　均期印数（万份）	总印数（万份）	总印张（千印张）	总金额（万元）	种数（种）	平　均期印数（万份）	总印数（万份）	总印张（千印张）	总金额（万元）
全国总计	**631**	**3246.51**	**1038862**	**33792428**	**1024580**	**17**	**21.70**	**5786**	**82869**	**4134**
中　　央										
地　　方	**631**	**3246.51**	**1038862**	**33792428**	**1024580**	**17**	**21.70**	**5786**	**82869**	**4134**
北　　京										
天　　津										
河　　北	22	123.42	38704	1173947	39660	1	1.22	293	5854	337
山　　西	16	58.92	19078	396331	16370	1	0.32	31	307	58
内 蒙 古	26	47.02	13988	283320	13480	3	1.30	198	1878	167
辽　　宁	28	116.97	36858	1244189	35414	3	1.80	309	1543	296
吉　　林	18	46.57	14141	419432	15377					
黑 龙 江	22	57.89	18506	379559	17433					
上　　海										
江　　苏	37	253.14	87043	2899164	89140					
浙　　江	36	372.83	129795	5204044	113111	2	8.16	2922	52380	1696
安　　徽	24	94.76	29827	778497	27798					
福　　建	17	117.82	42146	1520799	47625					
江　　西	19	78.92	26313	612512	21548	2	3.19	493	4926	416
山　　东	31	269.13	91044	3125011	83467					
河　　南	31	185.08	54369	1511975	65973					
湖　　北	26	174.82	58676	1645685	59892	3	5.11	1396	13963	1047
湖　　南	24	109.23	35577	843463	26217					
广　　东	44	492.62	136942	7090016	165087					
广　　西	23	86.77	29200	618868	28159					
海　　南	2	9.57	3477	120239	3477					
重　　庆	3	8.08	2290	58320	1802					
四　　川	37	189.88	63769	1618651	60319					
贵　　州	13	46.27	15374	346124	15322					
云　　南	25	49.33	14354	253951	11405					
西　　藏	16	23.00	5928	122532	5699					
陕　　西	14	62.64	19750	457678	20744					
甘　　肃	20	63.51	20586	451109	13407					
青　　海	11	14.22	4022	158611	2486	1	0.43	129	1935	103
宁　　夏	5	8.76	2561	44574	2726					
新　　疆	36	80.44	23757	405958	20699	1	0.17	17	83	15
兵　　团	5	4.90	787	7868	746					

各级专业报纸出版数量

	合计					中央及省、自治区、直辖市级				
	种数（种）	平均期印数（万份）	总印数（万份）	总印张（千印张）	总金额（万元）	种数（种）	平均期印数（万份）	总印数（万份）	总印张（千印张）	总金额（万元）
全国总计	**693**	**9057.97**	**1033805**	**18721491**	**1202202**	**555**	**8429.76**	**958208**	**17324559**	**1113528**
中　　央	**161**	**1416.47**	**330909**	**8460899**	**397218**	**161**	**1416.47**	**330909**	**8460899**	**397218**
地　　方	**532**	**7641.50**	**702896**	**10260592**	**804983**	**394**	**7013.29**	**627299**	**8863660**	**716310**
北　　京	15	46.26	5721	122139	7399	15	46.26	5721	122139	7399
天　　津	13	36.29	4988	112361	6237	13	36.29	4988	112361	6237
河　　北	23	247.98	52744	515877	46314	18	235.61	49810	478912	45187
山　　西	26	2320.95	163255	1050037	166784	21	2259.14	158640	1017641	163020
内 蒙 古	15	19.15	1856	31222	1884	10	14.05	1133	25280	1802
辽　　宁	11	284.06	19163	156108	16521	7	274.81	16825	124930	15306
吉　　林	17	800.66	44771	737301	74385	12	741.49	41929	720035	70862
黑 龙 江	25	157.96	13176	177604	22107	15	48.77	6291	85082	5779
上　　海	38	131.97	17287	600470	21292	38	131.97	17287	600470	21292
江　　苏	21	320.23	45449	588759	48246	13	240.82	34730	349960	37435
浙　　江	16	185.55	29412	585611	28933	9	97.52	13653	199520	15572
安　　徽	14	50.84	9865	147296	9442	9	44.28	8536	134003	9266
福　　建	10	174.51	12404	700965	11295	9	174.01	12378	700835	11269
江　　西	6	796.62	40593	223849	43788	5	794.62	40191	221839	43467
山　　东	26	143.19	27301	394864	20223	14	98.13	20666	274089	14191
河　　南	30	906.47	72819	730800	76134	25	893.30	70603	693671	72783
湖　　北	30	62.37	7332	161876	16054	17	39.81	5642	136640	12788
湖　　南	10	226.13	23690	546154	32024	9	222.63	22903	534341	31630
广　　东	33	152.32	23487	1195602	48159	17	102.06	15787	1010947	34385
广　　西	11	42.26	7539	138599	8352	8	38.46	7174	133295	8044
海　　南	8	33.98	7948	171448	9631	7	29.05	6745	147395	7827
重　　庆	7	24.64	2500	61604	3267	7	24.64	2500	61604	3267
四　　川	26	131.79	26057	456578	37231	22	120.54	23701	374190	33006
贵　　州	5	8.11	1823	36976	2158	4	6.91	1636	33232	1784
云　　南	8	27.03	3029	51894	5111	8	27.03	3029	51894	5111
西　　藏	5	13.26	1892	10341	1393	5	13.26	1892	10341	1393
陕　　西	15	56.79	7296	103564	9080	14	53.74	7113	101734	8934
甘　　肃	23	142.23	17844	245501	19900	17	133.97	16844	228662	19003
青　　海	6	6.38	658	10500	766	6	6.38	658	10500	766
宁　　夏	4	21.41	2580	62597	3453	4	21.41	2580	62597	3453
新　　疆	24	61.16	6862	116676	5794	16	42.33	5715	105518	4052
兵　　团	11	8.93	1557	15418	1624					

各级专业报纸出版数量（续表）

	地、市级					县 级				
	种数（种）	平均期印数（万份）	总印数（万份）	总印张（千印张）	总金额（万元）	种数（种）	平均期印数（万份）	总印数（万份）	总印张（千印张）	总金额（万元）
全国总计	**137**	**622.06**	**73432**	**1353635**	**86509**	**1**	**6.15**	**2165**	**43296**	**2165**
中　央										
地　方	**137**	**622.06**	**73432**	**1353635**	**86509**	**1**	**6.15**	**2165**	**43296**	**2165**
北　京										
天　津										
河　北	5	12.37	2934	36965	1127					
山　西	5	61.81	4615	32396	3764					
内蒙古	5	5.10	723	5942	83					
辽　宁	4	9.25	2338	31178	1214					
吉　林	5	59.17	2842	17265	3524					
黑龙江	10	109.19	6885	92522	16328					
上　海										
江　苏	8	79.41	10720	238799	10812					
浙　江	6	81.88	13594	342795	11196	1	6.15	2165	43296	2165
安　徽	5	6.56	1329	13293	176					
福　建	1	0.50	26	130	26					
江　西	1	2.00	402	2010	322					
山　东	12	45.06	6634	120775	6032					
河　南	5	13.17	2215	37128	3351					
湖　北	13	22.56	1690	25235	3266					
湖　南	1	3.50	788	11813	394					
广　东	16	50.27	7700	184655	13775					
广　西	3	3.80	365	5304	308					
海　南	1	4.93	1203	24053	1804					
重　庆										
四　川	4	11.25	2355	82388	4226					
贵　州	1	1.20	187	3744	374					
云　南										
西　藏										
陕　西	1	3.05	183	1830	146					
甘　肃	6	8.26	1000	16839	897					
青　海										
宁　夏										
新　疆	8	18.84	1147	11158	1742					
兵　团	11	8.93	1557	15418	1624					

各级生活服务报纸出版数量

	合计					中央及省、自治区、直辖市级				
	种数（种）	平均期印数（万份）	总印数（万份）	总印张（千印张）	总金额（万元）	种数（种）	平均期印数（万份）	总印数（万份）	总印张（千印张）	总金额（万元）
全国总计	**214**	**1091.41**	**97046**	**3076398**	**126193**	**115**	**570.82**	**53385**	**1685055**	**79201**
中　　央	**16**	**223.02**	**19074**	**562942**	**32487**	**16**	**223.02**	**19074**	**562942**	**32487**
地　　方	**198**	**868.39**	**77972**	**2513456**	**93707**	**99**	**347.80**	**34310**	**1122112**	**46714**
北　　京	3	8.34	414	10785	372	3	8.34	414	10785	372
天　　津	2	4.92	256	11357	422	2	4.92	256	11357	422
河　　北	12	35.27	2051	94009	2870	3	15.58	1031	38408	1219
山　　西	8	32.14	3309	78838	3868	6	26.04	2991	66150	3551
内 蒙 古	6	3.49	214	6247	603	5	2.74	175	5467	525
辽　　宁	13	35.30	5276	171648	1560	2	1.10	57	6292	57
吉　　林	7	7.69	621	22094	903	5	5.87	526	19255	808
黑 龙 江	10	34.62	3189	116504	3941	3	20.28	1726	65790	2426
上　　海	10	41.28	7327	291040	5608	10	41.28	7327	291040	5608
江　　苏	8	83.39	6119	208311	9758	2	6.80	440	9600	800
浙　　江	5	60.45	3644	112674	5797	3	12.96	1175	25837	2171
安　　徽	4	38.61	4909	133079	4562	2	9.50	2639	68055	2639
福　　建	7	14.84	764	28312	1610	2	6.96	360	11066	667
江　　西	3	57.70	3265	100381	5190	3	57.70	3265	100381	5190
山　　东	17	90.33	11895	468988	13047	4	29.34	3595	122100	4871
河　　南	10	49.73	3170	87805	3818	1	5.00	500	9600	1000
湖　　北	4	81.60	4168	72820	5887	2	2.00	58	1152	202
湖　　南	4	39.94	2989	67857	4476	3	12.77	1152	23040	1908
广　　东	11	23.14	1191	96027	5867	9	21.89	1127	94346	5685
广　　西	9	6.28	420	27703	578	2	3.12	266	21346	377
海　　南	1					1				
重　　庆	6	14.86	1747	31619	1589	6	14.86	1747	31619	1589
四　　川	13	49.75	6815	135159	6330	6	18.48	1887	43339	2764
贵　　州	3	5.19	270	7131	353	1	1.45	75	3393	151
云　　南	3	4.75	483	9945	591	3	4.75	483	9945	591
西　　藏	1	0.10	5	104	6	1	0.10	5	104	6
陕　　西	6	27.10	1708	52272	1955	5	9.80	815	18550	728
甘　　肃	1	2.00	104	3120	312					
青　　海	2	1.45	75	2262	99	1	0.45	23	702	47
宁　　夏	2	3.89	1041	41485	1058	1	0.33	17	497	33
新　　疆	6	8.26	429	21800	571	2	3.40	177	12896	307
兵　　团	1	2.00	104	2080	104					

各级生活服务报纸出版数量（续表）

	地、市级					县　级				
	种数（种）	平　均期印数（万份）	总印数（万份）	总印张（千印张）	总金额（万元）	种数（种）	平　均期印数（万份）	总印数（万份）	总印张（千印张）	总金额（万元）
全国总计	**98**	**519.59**	**43610**	**1389784**	**46940**	**1**	**1.00**	**52**	**1560**	**52**
中　　央										
地　　方	**98**	**519.59**	**43610**	**1389784**	**46940**	**1**	**1.00**	**52**	**1560**	**52**
北　　京										
天　　津										
河　　北	9	19.68	1020	55600	1651					
山　　西	2	6.10	317	12688	317					
内 蒙 古	1	0.75	39	780	78					
辽　　宁	11	34.20	5219	165356	1503					
吉　　林	2	1.82	95	2839	95					
黑 龙 江	7	14.35	1463	50714	1515					
上　　海										
江　　苏	6	76.59	5679	198711	8958					
浙　　江	2	47.49	2469	86837	3626					
安　　徽	2	29.11	2270	65024	1923					
福　　建	5	7.88	404	17247	943					
江　　西										
山　　东	13	60.99	8300	346888	8176					
河　　南	9	44.73	2670	78205	2818					
湖　　北	2	79.60	4110	71668	5686					
湖　　南	1	27.17	1837	44817	2568					
广　　东	2	1.25	64	1681	183					
广　　西	7	3.16	153	6356	201					
海　　南										
重　　庆										
四　　川	7	31.26	4928	91820	3566					
贵　　州	2	3.74	195	3738	203					
云　　南										
西　　藏										
陕　　西	1	17.30	893	33722	1227					
甘　　肃	1	2.00	104	3120	312					
青　　海						1	1.00	52	1560	52
宁　　夏	1	3.56	1025	40988	1025					
新　　疆	4	4.86	252	8904	264					
兵　　团	1	2.00	104	2080	104					

各级读者对象报纸出版数量

	合　计					中央及省、自治区、直辖市级				
	种数（种）	平　均期印数（万份）	总印数（万份）	总印张（千印张）	总金额（万元）	种数（种）	平　均期印数（万份）	总印数（万份）	总印张（千印张）	总金额（万元）
全国总计	**103**	**1243.09**	**160036**	**2323406**	**158942**	**89**	**1140.50**	**149121**	**2124855**	**147258**
中　　央	**14**	**227.10**	**54750**	**1039722**	**64568**	**14**	**227.10**	**54750**	**1039722**	**64568**
地　　方	**89**	**1015.99**	**105286**	**1283683**	**94374**	**75**	**913.40**	**94371**	**1085132**	**82690**
北　　京	4	20.10	1040	30020	1383	4	20.10	1040	30020	1383
天　　津	3	19.04	5150	70192	4692	3	19.04	5150	70192	4692
河　　北	3	18.68	4802	71165	3580	3	18.68	4802	71165	3580
山　　西	3	13.00	3692	46800	2839	3	13.00	3692	46800	2839
内 蒙 古	1	15.00	1530	30600	1836	1	15.00	1530	30600	1836
辽　　宁	4	27.23	3182	32895	1699	2	11.73	1066	11735	635
吉　　林	4	8.10	1058	13818	775	2	3.50	830	7148	415
黑 龙 江	3	18.68	5770	55600	3617	2	17.58	5713	55028	3512
上　　海	9	53.19	6953	72026	7437	9	53.19	6953	72026	7437
江　　苏	3	267.99	18171	131377	7509	3	267.99	18171	131377	7509
浙　　江	3	38.92	5830	71038	4293	3	38.92	5830	71038	4293
安　　徽	4	31.62	3269	37916	3333	3	17.12	2515	34146	2579
福　　建	1	7.90	1162	23236	1162	1	7.90	1162	23236	1162
江　　西	3	11.58	1282	15303	1638	3	11.58	1282	15303	1638
山　　东	4	33.73	7271	108473	4696	2	11.73	3379	33793	2210
河　　南	2	161.65	9478	94782	9139	2	161.65	9478	94782	9139
湖　　北	2	8.50	575	9000	1525	1	5.00	400	2000	1000
湖　　南	3	39.15	2604	50010	4355	3	39.15	2604	50010	4355
广　　东	5	49.06	4835	107712	7910	1	7.90	1153	23068	1557
广　　西	3	9.84	1645	17330	1890	3	9.84	1645	17330	1890
海　　南										
重　　庆	2	50.00	980	20200	6300	2	50.00	980	20200	6300
四　　川	3	56.93	7736	59848	5905	3	56.93	7736	59848	5905
贵　　州	3	9.74	1452	20901	1753	3	9.74	1452	20901	1753
云　　南	1	5.50	814	8140	407	1	5.50	814	8140	407
西　　藏	2	2.60	130	1850	60	2	2.60	130	1850	60
陕　　西	4	15.33	2076	22759	2036	4	15.33	2076	22759	2036
甘　　肃	1	2.00	520	5200	338	1	2.00	520	5200	338
青　　海	1	0.90	91	911	73	1	0.90	91	911	73
宁　　夏										
新　　疆	5	20.01	2190	54580	2194	4	19.78	2179	54525	2159
兵　　团										

各级读者对象报纸出版数量（续表）

	地、市级					县级				
	种数（种）	平均期印数（万份）	总印数（万份）	总印张（千印张）	总金额（万元）	种数（种）	平均期印数（万份）	总印数（万份）	总印张（千印张）	总金额（万元）
全国总计	**14**	**102.59**	**10915**	**198551**	**11684**					
中央										
地方	**14**	**102.59**	**10915**	**198551**	**11684**					
北京										
天津										
河北										
山西										
内蒙古										
辽宁	2	15.50	2116	21160	1065					
吉林	2	4.60	228	6670	360					
黑龙江	1	1.10	57	572	106					
上海										
江苏										
浙江										
安徽	1	14.50	754	3770	754					
福建										
江西										
山东	2	22.00	3892	74680	2486					
河南										
湖北	1	3.50	175	7000	525					
湖南										
广东	4	41.16	3681	84644	6353					
广西										
海南										
重庆										
四川										
贵州										
云南										
西藏										
陕西										
甘肃										
青海										
宁夏										
新疆	1	0.23	11	55	35					
兵团										

各级文摘报纸出版数量

	合计					中央及省、自治区、直辖市级				
	种数（种）	平均期印数（万份）	总印数（万份）	总印张（千印张）	总金额（万元）	种数（种）	平均期印数（万份）	总印数（万份）	总印张（千印张）	总金额（万元）
全国总计	**22**	**331.65**	**43646**	**610750**	**42182**	**18**	**311.85**	**41788**	**558968**	**38639**
中　央	**4**	**74.70**	**10592**	**117859**	**8344**	**4**	**74.70**	**10592**	**117859**	**8344**
地　方	**18**	**256.95**	**33055**	**492891**	**33838**	**14**	**237.15**	**31196**	**441109**	**30295**
北　京										
天　津	1	10.02	1503	30053	2254	1	10.02	1503	30053	2254
河　北										
山　西										
内蒙古										
辽　宁										
吉　林	1	3.58	186	1861	279	1	3.58	186	1861	279
黑龙江	1	0.95	48	950	71					
上　海	1	45.38	6807	34033	3403	1	45.38	6807	34033	3403
江　苏	1	0.80	80	1600	160	1	0.80	80	1600	160
浙　江										
安　徽	2	67.25	10087	65619	6052	2	67.25	10087	65619	6052
福　建	1	14.92	2237	44747	2237	1	14.92	2237	44747	2237
江　西										
山　东										
河　南	1	5.00	250	7500	500	1	5.00	250	7500	500
湖　北	2	11.80	1300	32490	2449	1	9.80	1000	24990	1999
湖　南	2	56.00	6656	141440	9984	2	56.00	6656	141440	9984
广　东	1	12.85	1311	39332	2622					
广　西										
海　南	1	4.00	200	4000	400					
重　庆										
四　川	1	21.01	2080	83200	3120	1	21.01	2080	83200	3120
贵　州										
云　南	1	3.20	301	6016	301	1	3.20	301	6016	301
西　藏										
陕　西										
甘　肃										
青　海	1	0.20	10	50	5	1	0.20	10	50	5
宁　夏										
新　疆										
兵　团										

各级文摘报纸出版数量（续表）

	地、市级					县级				
	种数（种）	平均期印数（万份）	总印数（万份）	总印张（千印张）	总金额（万元）	种数（种）	平均期印数（万份）	总印数（万份）	总印张（千印张）	总金额（万元）
全国总计	**4**	**19.80**	**1859**	**51782**	**3543**					
中央										
地方	**4**	**19.80**	**1859**	**51782**	**3543**					
北京										
天津										
河北										
山西										
内蒙古										
辽宁										
吉林										
黑龙江	1	0.95	48	950	71					
上海										
江苏										
浙江										
安徽										
福建										
江西										
山东										
河南										
湖北	1	2.00	300	7500	450					
湖南										
广东	1	12.85	1311	39332	2622					
广西										
海南	1	4.00	200	4000	400					
重庆										
四川										
贵州										
云南										
西藏										
陕西										
甘肃										
青海										
宁夏										
新疆										
兵团										

主要刊期的报纸出版数量

	周七刊				周六刊				周五刊				周四刊			
	种数（种）	总印数（万份）	总印张（千印张）	总金额（万元）	种数（种）	总印数（万份）	总印张（千印张）	总金额（万元）	种数（种）	总印数（万份）	总印张（千印张）	总金额（万元）	种数（种）	总印数（万份）	总印张（千印张）	总金额（万元）
全国总计	**456**	**2230135**	**79673697**	**2366188**	**252**	**398887**	**10568163**	**445531**	**254**	**267315**	**5796953**	**267837**	**75**	**85806**	**1535997**	**109207**
中　央	**17**	**491586**	**13970083**	**493539**	**13**	**93778**	**4089577**	**135476**	**39**	**81513**	**1715744**	**96357**	**17**	**40395**	**824903**	**58750**
地　方	**439**	**1738550**	**65703614**	**1872649**	**239**	**305109**	**6478585**	**310055**	**215**	**185802**	**4081209**	**171480**	**58**	**45410**	**711094**	**50457**
北　京	8	47005	2304025	49609	1	711	7113	1067	4	5356	92928	3592				
天　津	7	32551	1070412	32154					1	39	390	39	2	946	17394	1495
河　北	9	68317	1412897	63267	18	27419	551068	31089	10	7902	169056	8767	1	582	5820	291
山　西	14	31971	670576	41087	11	26330	230211	25559	6	9828	97338	9712	2	1014	20280	1940
内蒙古	7	12481	326537	12380	10	6924	144773	6473	12	5135	85246	4061	5	584	6751	427
辽　宁	11	43765	1915911	41256	11	6699	127907	4778	17	13607	337375	8122	3	1800	28068	1533
吉　林	11	28231	1084453	24009	7	3506	45310	3667	2	1189	23785	1575	2	844	14335	1382
黑龙江	14	34202	714411	29154	11	10538	164415	8336	7	3122	56182	2796	6	2153	17033	2323
上　海	13	59509	3350029	74022	1				4	8914	306408	6717	1	649	6492	974
江　苏	35	147163	5214438	153159	15	29553	433303	32491	7	15615	251356	12590	6	7614	121030	4799
浙　江	36	190332	6682571	177646	7	9554	163831	6854	7	13152	450791	8194	2	5024	68898	5024
安　徽	12	34558	955404	34238	14	15375	321401	13504	7	5234	86127	3400	2	566	8701	400
福　建	20	64640	2144735	76356	3	4325	135385	3477	2	1841	33625	2506				
江　西	10	34218	958322	31246	8	7668	141160	6002	8	4464	82964	4156	2	1166	9654	780
山　东	32	184194	9091841	170045	12	20362	436177	16248	9	11591	307366	9792	2	3725	65957	3221
河　南	4	44922	2146269	74511	23	45204	1373361	56083	16	18115	398937	19460				
湖　北	10	70885	2265750	72548	18	18979	407956	22792	10	3474	55404	3221	3	1412	24841	1412
湖　南	20	49439	1399703	38149	3	2566	51318	1907	6	6392	123957	5706				
广　东	40	227071	12308783	341887	3	5586	538567	11172	10	13823	517177	23380	3	3003	61890	6886
广　西	21	45789	1177342	40960	5	5311	93597	5896	3	1513	17405	1930	3	1899	29730	2669
海　南	6	16991	571602	19622	1	1392	55680	2784	1	1203	24053	1804				
重　庆	7	31167	1292747	29830	3	2765	63072	2082	3	1428	20091	455				
四　川	25	89471	2869326	99847	12	21366	271822	16448	14	9531	195225	9480	4	5311	71486	5768
贵　州	8	17176	465414	20700	5	5818	124727	5414	6	2576	45177	2302	3	1434	55063	2185
云　南	14	26018	572547	23806	9	5749	89557	5817	1	806	32256	806				
西　藏	7	7662	160950	5990	1	568	46880	568								
陕　西	7	29669	1031584	31283	9	11155	236016	11944	4	2394	28048	2247	2	2991	39906	3578
甘　肃	17	34672	697738	30413	3	1574	43048	887	7	2504	20177	1606	1	686	13720	1372
青　海	4	7551	283793	5717	2	369	4335	211					1	397	7938	556
宁　夏	2	3985	110467	4178	3	2544	68243	2481	6	3187	63514	4435				
新　疆	7	19222	378631	19116	10	5199	108351	4023	22	10851	148701	7489	2	1611	16108	1442
兵　团	1	3720	74408	4464					3	1015	10149	1139				

全国少数民族文字报纸出版数量

	种数（种）	平均期印数（万份）	总印数（万份）	总印张（千印张）	总金额（万元）
全国总计	**103**	**137.88**	**28001**	**388850**	**20604**
中　　央	**4**	**5.70**	**2001**	**20007**	**800**
地　　方	**99**	**132.18**	**26001**	**368843**	**19803**
内 蒙 古	13	10.49	2349	33581	2350
辽　　宁	3	0.96	116	879	130
吉　　林	8	5.90	790	12854	665
黑 龙 江	1	1.10	319	6380	179
广　　西	1	0.50	25	250	25
四　　川	3	1.91	277	2773	179
云　　南	8	3.87	209	1729	10
西　　藏	12	25.02	6195	87382	4901
青　　海	7	4.01	177	1476	216
新　　疆	40	77.28	15431	220671	11039
兵　　团	3	1.14	113	868	109

全国少数民族文字报纸出版数量与上年相比增减百分比

	种数	平均期印数	总印数	总印张	总金额
全　　国	-1.90	13.45	25.78	17.50	22.67
中　　央	0.00	14.00	9.63	9.63	9.63
地　　方	-1.98	13.42	27.23	17.96	23.27

四、音像、电子出版物出版

按载体形式分类全国各地区录音制品出版品种、数量及发行数量

单位：种、万盒（张）

	录音制品					录音带（AT）			
	合计		其中：新版		发行数量	合计		其中：新版	
	种数	数量	种数	数量		种数	数量	种数	数量
全国总计	**8259**	**18676.73**	**3042**	**2618.78**	**18028.79**	**1212**	**7556.11**	**254**	**663.08**
中　　央	**3194**	**12314.19**	**1075**	**1718.89**	**11487.76**	**602**	**5596.62**	**48**	**571.01**
地　　方	**5065**	**6362.54**	**1967**	**899.89**	**6541.03**	**610**	**1959.49**	**206**	**92.08**
北　京	234	126.84	234	126.84	124.90	76	10.81	76	10.81
天　津	45	24.13	28	11.40	18.96	16	12.53		
河　北	67	248.93	6	7.38	344.20	60	125.26	6	7.38
山　西	57	59.00	57	59.00	59.00	1	0.40	1	0.40
内蒙古	41	15.18	41	15.18	8.97				
辽　宁	178	84.72	72	44.56	69.54				
吉　林	126	164.73	43	6.41	483.68	51	90.64	6	0.60
黑龙江	1	0.01	1	0.01	0.01				
上　海	2399	2037.43	371	230.73	2016.92	113	503.32	6	1.19
江　苏	151	1058.79	47	21.42	1095.62	64	925.49	7	0.44
浙　江	102	301.72	27	22.77	297.98	26	64.06		
安　徽	13	8.41	12	8.15	8.94	1	0.26		
福　建	44	8.41	21	4.20	8.06	8	2.59		
江　西	163	125.37	41	9.20	121.95	28	2.80	28	2.80
山　东	91	26.63	77	23.63	11.17				
河　南	4	1.66	4	1.66	1.10				
湖　北	42	11.81	19	3.61	11.80	4	4.02		
湖　南	133	264.35	38	35.47	267.11	23	20.43	15	18.33
广　东	824	1651.93	591	191.86	1423.63	85	171.67	34	43.73
广　西	107	52.65	89	37.04	52.65				
海　南	27	5.89	27	5.89	8.79	14	3.04	14	3.04
重　庆	45	16.48	2	0.30	16.49	10	0.76		
四　川	17	3.80	17	3.80	3.70				
贵　州									
云　南	44	11.63	31	10.85	10.85	7	0.65		
西　藏	28	8.90	28	8.90	7.41	7	3.00	7	3.00
陕　西	75	38.06	37	8.55	38.81	16	17.75	6	0.36
甘　肃	3	0.30	3	0.30	0.30				
青　海	1	0.50	1	0.50	0.40				
宁　夏	1	0.10	1	0.10	0.10				
新　疆	2	4.20	1	0.20	27.99				
兵　团									

按载体形式分类全国各地区录音制品出版品种、数量及发行数量（续表）

单位：种、万盒（张）

	激光唱盘（CD）				高密度激光唱盘（DVD－A）				其他载体			
	合计		其中：新版		合计		其中：新版		合计		其中：新版	
	种数	数量	种数	数量	种数	数量	种数	数量	种数	数量	种数	数量
全国总计	**6107**	**9652.03**	**2365**	**1542.66**	**138**	**74.74**	**109**	**43.69**	**802**	**1393.85**	**314**	**369.35**
中　　央	**2127**	**6110.13**	**818**	**868.00**	**54**	**15.25**	**51**	**12.83**	**411**	**592.19**	**158**	**267.06**
地　　方	**3980**	**3541.90**	**1547**	**674.66**	**84**	**59.50**	**58**	**30.86**	**391**	**801.66**	**156**	**102.29**
北　　京	139	92.53	139	92.53	1	1.00	1	1.00	18	22.50	18	22.50
天　　津	6	1.70	5	1.50					23	9.90	23	9.90
河　　北	7	123.67										
山　　西	56	58.60	56	58.60								
内 蒙 古	41	15.18	41	15.18								
辽　　宁	178	84.72	72	44.56								
吉　　林	75	74.09	37	5.81								
黑 龙 江	1	0.01	1	0.01								
上　　海	1980	903.92	269	157.00	51	44.19	26	15.85	255	585.99	70	56.69
江　　苏	87	133.31	40	20.98								
浙　　江	74	237.06	25	22.17	2	0.60	2	0.60				
安　　徽	12	8.15	12	8.15								
福　　建	35	5.67	20	4.05					1	0.15	1	0.15
江　　西	134	118.57	12	2.40	1	4.00	1	4.00				
山　　东	86	26.13	72	23.13					5	0.50	5	0.50
河　　南	4	1.66	4	1.66								
湖　　北	26	5.18	8	1.30	12	2.61	11	2.31				
湖　　南	90	76.97	20	14.13	3	3.00	3	3.00	17	163.95		
广　　东	683	1464.42	520	133.99	8	2.30	8	2.30	48	13.54	29	11.85
广　　西	107	52.65	89	37.04								
海　　南	7	1.05	7	1.05	6	1.80	6	1.80				
重　　庆	21	11.30	2	0.30					14	4.42		
四　　川	15	3.60	15	3.60					2	0.20	2	0.20
贵　　州												
云　　南	35	10.88	29	10.75					2	0.10	2	0.10
西　　藏	19	5.70	19	5.70					2	0.20	2	0.20
陕　　西	55	20.11	27	7.99					4	0.20	4	0.20
甘　　肃	3	0.30	3	0.30								
青　　海	1	0.50	1	0.50								
宁　　夏	1	0.10	1	0.10								
新　　疆	2	4.20	1	0.20								
兵　　团												

按内容分类全国录音制品出版品种、数量

单位：种、万盒（张）

	录音制品				录音带（AT）			
	合计		其中：新版		合计		其中：新版	
	种数	数量	种数	数量	种数	数量	种数	数量
全国合计	**8259**	**18676.73**	**3042**	**2618.78**	**1212**	**7556.11**	**254**	**663.08**
其中：少儿出版	412	387.65	98	77.39				
教育	3501	16886.02	816	1887.32	1107	7484.09	176	651.87
语言	1354	786.42	406	122.63	81	21.61	71	4.21
文学艺术	2428	492.29	1114	354.81	6	3.10	5	3.10
科技	24	2.70	23	2.60				
经济								
体育								
军事								
文学	20	10.91	16	8.39				
综合	58	9.45	57	8.45				
其他	874	488.94	610	234.58	18	47.31	2	3.90

续表1

	激光唱盘（CD）				高密度激光唱盘（DVD－A）				其他载体			
	合计		其中：新版		合计		其中：新版		合计		其中：新版	
	种数	数量	种数	数量	种数	数量	种数	数量	种数	数量	种数	数量
全国合计	**6107**	**9652.03**	**2365**	**1542.66**	**138**	**74.74**	**109**	**43.69**	**802**	**1393.85**	**314**	**369.35**
其中：少儿出版	402	385.91	96	77.18					10	1.75	2	0.21
教育	1890	8070.85	523	905.96	37	22.07	36	21.77	467	1309.02	81	307.72
语言	1162	701.43	251	87.92	42	40.33	21	12.25	69	23.06	63	18.25
文学艺术	2231	450.86	978	321.11	24	4.19	21	4.16	167	34.14	110	26.44
科技	3	0.60	2	0.50	21	2.10	21	2.10				
经济												
体育												
军事												
文学	16	7.68	15	7.58	4	3.23	1	0.81				
综合	56	9.35	55	8.35					2	0.10	2	0.10
其他	749	411.26	541	211.24	10	2.83	9	2.60	97	27.54	58	16.85

按内容分类全国各地区录音制品出版品种、数量（AT）

单位：种、万盒（张）

	AT合计		教育		语言		文学艺术		科技	
	种数	数量	种数	数量	种数	数量	种数	数量	种数	数量
全国总计	**1212**	**7556.11**	**1107**	**7484.09**	**81**	**21.61**	**6**	**3.10**		
中　　央	**602**	**5596.62**	**591**	**5554.33**			**1**	**0.10**		
地　　方	**610**	**1959.49**	**516**	**1929.75**	**81**	**21.61**	**5**	**3.00**		
北　　京	76	10.81			71	4.21	3	2.70		
天　　津	16	12.53	16	12.53						
河　　北	60	125.26	54	124.04						
山　　西	1	0.40	1	0.40						
内 蒙 古										
辽　　宁										
吉　　林	51	90.64	51	90.64						
黑 龙 江										
上　　海	113	503.32	112	503.32			1			
江　　苏	64	925.49	64	925.49						
浙　　江	26	64.06	26	64.06						
安　　徽	1	0.26	1	0.26						
福　　建	8	2.59	8	2.59						
江　　西	28	2.80	28	2.80						
山　　东										
河　　南										
湖　　北	4	4.02	4	4.02						
湖　　南	23	20.43	23	20.43						
广　　东	85	171.67	85	171.67						
广　　西										
海　　南	14	3.04	14	3.04						
重　　庆	10	0.76	10	0.76						
四　　川										
贵　　州										
云　　南	7	0.65	7	0.65						
西　　藏	7	3.00	6	2.70			1	0.30		
陕　　西	16	17.75	6	0.36	10	17.39				
甘　　肃										
青　　海										
宁　　夏										
新　　疆										
兵　　团										

按内容分类全国各地区录音制品出版品种、数量（续表1）
（AT）

单位：种、万盒（张）

	经济		体育		军事		文学		综合		其他	
	种数	数量	种数	数量	种数	数量	种数	数量	种数	数量	种数	数量
全国总计											**18**	**47.31**
中　　央											**10**	**42.19**
地　　方											**8**	**5.12**
北　　京											2	3.90
天　　津												
河　　北											6	1.22
山　　西												
内 蒙 古												
辽　　宁												
吉　　林												
黑 龙 江												
上　　海												
江　　苏												
浙　　江												
安　　徽												
福　　建												
江　　西												
山　　东												
河　　南												
湖　　北												
湖　　南												
广　　东												
广　　西												
海　　南												
重　　庆												
四　　川												
贵　　州												
云　　南												
西　　藏												
陕　　西												
甘　　肃												
青　　海												
宁　　夏												
新　　疆												
兵　　团												

按内容分类全国各地区录音制品出版品种、数量（续表2）（CD）

单位：种、万盒（张）

	CD合计		教育		语言		文学艺术		科技	
	种数	数量	种数	数量	种数	数量	种数	数量	种数	数量
全国总计	**6107**	**9652.03**	**1890**	**8070.85**	**1162**	**701.43**	**2231**	**450.86**	**3**	**0.60**
中　　央	**2127**	**6110.13**	**796**	**5507.42**	**740**	**360.00**	**463**	**104.71**	**2**	**0.50**
地　　方	**3980**	**3541.90**	**1094**	**2563.43**	**422**	**341.43**	**1768**	**346.14**	**1**	**0.10**
北　　京	139	92.53	9	9.60	3	1.40	115	79.13		
天　　津	6	1.70			1	0.20	3	0.90		
河　　北	7	123.67								
山　　西	56	58.60	43	57.60	1	0.10	10	0.70		
内 蒙 古	41	15.18					41	15.18		
辽　　宁	178	84.72	152	62.66	3	0.55	3	0.36		
吉　　林	75	74.09	56	72.88	1	0.10	7	0.56		
黑 龙 江	1	0.01					1	0.01		
上　　海	1980	903.92	382	521.49	222	198.90	1357	179.97	1	0.10
江　　苏	87	133.31	49	125.84			25	2.85		
浙　　江	74	237.06	56	234.09	1	0.05	16	2.82		
安　　徽	12	8.15	11	8.10			1	0.05		
福　　建	35	5.67	16	1.67			7	1.60		
江　　西	134	118.57	11	2.30	122	116.17	1	0.10		
山　　东	86	26.13	21	11.24	5	0.51	60	14.38		
河　　南	4	1.66					2	0.30		
湖　　北	26	5.18	18	3.88			4	0.75		
湖　　南	90	76.97	52	45.82	5	3.65	31	26.33		
广　　东	683	1464.42	68	1333.35	8	0.80	27	4.75		
广　　西	107	52.65	105	52.10						
海　　南	7	1.05					7	1.05		
重　　庆	21	11.30	19	11.00			2	0.30		
四　　川	15	3.60					12	2.70		
贵　　州										
云　　南	35	10.88	6	0.13	1	0.10	26	9.65		
西　　藏	19	5.70	19	5.70						
陕　　西	55	20.11			49	18.90	6	1.21		
甘　　肃	3	0.30					3	0.30		
青　　海	1	0.50								
宁　　夏	1	0.10								
新　　疆	2	4.20	1	4.00			1	0.20		
兵　　团										

按内容分类全国各地区录音制品出版品种、数量（续表3）
（CD）

单位：种、万盒（张）

	经济		体育		军事		文学		综合		其他	
	种数	数量	种数	数量	种数	数量	种数	数量	种数	数量	种数	数量
全国总计							**16**	**7.68**	**56**	**9.35**	**749**	**411.26**
中　　央							**12**	**5.60**	**4**	**1.40**	**110**	**130.49**
地　　方							**4**	**2.08**	**52**	**7.95**	**639**	**280.77**
北　　京									2	0.40	10	2.00
天　　津											2	0.60
河　　北											7	123.67
山　　西											2	0.20
内 蒙 古												
辽　　宁									1	0.05	19	21.10
吉　　林									11	0.55		
黑 龙 江												
上　　海											18	3.46
江　　苏							1	0.10	2	0.30	10	4.22
浙　　江											1	0.10
安　　徽												
福　　建									11	2.30	1	0.10
江　　西												
山　　东												
河　　南							1	0.86			1	0.50
湖　　北											4	0.55
湖　　南							1	1.02			1	0.15
广　　东									22	3.15	558	122.38
广　　西											2	0.55
海　　南												
重　　庆												
四　　川									1	0.20	2	0.70
贵　　州												
云　　南									2	1.00		
西　　藏												
陕　　西												
甘　　肃												
青　　海											1	0.50
宁　　夏							1	0.10				
新　　疆												
兵　　团												

按内容分类全国各地区录音制品出版品种、数量（续表4）
（DVD－A）

单位：种、万盒（张）

	DVD－A合计		教育		语言		文学艺术		科技	
	种数	数量	种数	数量	种数	数量	种数	数量	种数	数量
全国总计	**138**	**74.74**	**37**	**22.07**	**42**	**40.33**	**24**	**4.19**	**21**	**2.10**
中　　央	**54**	**15.25**	**15**	**4.17**	**10**	**5.50**	**4**	**0.25**	**21**	**2.10**
地　　方	**84**	**59.50**	**22**	**17.90**	**32**	**34.83**	**20**	**3.94**		
北　　京	1	1.00					1	1.00		
天　　津										
河　　北										
山　　西										
内 蒙 古										
辽　　宁										
吉　　林										
黑 龙 江										
上　　海	51	44.19	3	6.60	32	34.83	15	2.53		
江　　苏										
浙　　江	2	0.60					1	0.30		
安　　徽										
福　　建										
江　　西	1	4.00	1	4.00						
山　　东										
河　　南										
湖　　北	12	2.61	9	2.50			3	0.11		
湖　　南	3	3.00	3	3.00						
广　　东	8	2.30								
广　　西										
海　　南	6	1.80	6	1.80						
重　　庆										
四　　川										
贵　　州										
云　　南										
西　　藏										
陕　　西										
甘　　肃										
青　　海										
宁　　夏										
新　　疆										
兵　　团										

按内容分类全国各地区录音制品出版品种、数量（续表5）
（DVD－A）

单位：种、万盒（张）

	经济		体育		军事		文学		综合		其他	
	种数	数量	种数	数量	种数	数量	种数	数量	种数	数量	种数	数量
全国总计							**4**	**3.23**			**10**	**2.83**
中　　央							**4**	**3.23**				
地　　方											**10**	**2.83**
北　　京												
天　　津												
河　　北												
山　　西												
内 蒙 古												
辽　　宁												
吉　　林												
黑 龙 江												
上　　海											1	0.23
江　　苏												
浙　　江											1	0.30
安　　徽												
福　　建												
江　　西												
山　　东												
河　　南												
湖　　北												
湖　　南												
广　　东											8	2.30
广　　西												
海　　南												
重　　庆												
四　　川												
贵　　州												
云　　南												
西　　藏												
陕　　西												
甘　　肃												
青　　海												
宁　　夏												
新　　疆												
兵　　团												

按内容分类全国各地区录音制品出版品种、数量（续表6）
（其他载体）

单位：种、万盒（张）

	其他载体合计		教育		语言		文学艺术		科技	
	种数	数量	种数	数量	种数	数量	种数	数量	种数	数量
全国总计	**802**	**1393.85**	**467**	**1309.02**	**69**	**23.06**	**167**	**34.14**		
中　　央	**411**	**592.19**	**252**	**564.90**	**39**	**4.30**	**75**	**9.84**		
地　　方	**391**	**801.66**	**215**	**744.11**	**30**	**18.76**	**92**	**24.30**		
北　　京	18	22.50					13	12.20		
天　　津	23	9.90	17	8.10			6	1.80		
河　　北										
山　　西										
内 蒙 古										
辽　　宁										
吉　　林										
黑 龙 江										
上　　海	255	585.99	179	564.25	30	18.76	46	2.98		
江　　苏										
浙　　江										
安　　徽										
福　　建	1	0.15					1	0.15		
江　　西										
山　　东	5	0.50					5	0.50		
河　　南										
湖　　北										
湖　　南	17	163.95	4	157.88			13	6.07		
广　　东	48	13.54	1	9.46						
广　　西										
海　　南										
重　　庆	14	4.42	14	4.42						
四　　川	2	0.20					2	0.20		
贵　　州										
云　　南	2	0.10								
西　　藏	2	0.20					2	0.20		
陕　　西	4	0.20					4	0.20		
甘　　肃										
青　　海										
宁　　夏										
新　　疆										
兵　　团										

按内容分类全国各地区录音制品出版品种、数量（续表7）（其他载体）

单位：种、万盒（张）

	经济		体育		军事		文学		综合		其他	
	种数	数量	种数	数量	种数	数量	种数	数量	种数	数量	种数	数量
全国总计									**2**	**0.10**	**97**	**27.54**
中　　央											**45**	**13.15**
地　　方									**2**	**0.10**	**52**	**14.39**
北　　京											5	10.30
天　　津												
河　　北												
山　　西												
内 蒙 古												
辽　　宁												
吉　　林												
黑 龙 江												
上　　海												
江　　苏												
浙　　江												
安　　徽												
福　　建												
江　　西												
山　　东												
河　　南												
湖　　北												
湖　　南												
广　　东											47	4.09
广　　西												
海　　南												
重　　庆												
四　　川												
贵　　州												
云　　南									2	0.10		
西　　藏												
陕　　西												
甘　　肃												
青　　海												
宁　　夏												
新　　疆												
兵　　团												

按载体形式分类全国各地区录像制品出版品种、数量及发行数量

单位：种、万盒（张）

	录像制品合计					录像带（VT）			
	合计		其中：新版		发行数量	合计		其中：新版	
	种数	数量	种数	数量		种数	数量	种数	数量
全国总计	**5293**	**6915.15**	**3528**	**3933.10**	**6579.25**				
中　央	**2348**	**3129.49**	**1348**	**1095.80**	**2842.34**				
地　方	**2945**	**3785.66**	**2180**	**2837.30**	**3736.91**				
北　京	128	28.19	128	28.19	11.20				
天　津	12	5.90	12	5.90	5.90				
河　北	13	2.40	13	2.40	2.99				
山　西	68	5.15	68	5.15	15.38				
内蒙古	32	4.98	32	4.98	4.43				
辽　宁	58	4.46	58	4.46	4.44				
吉　林	127	44.95	126	44.35	40.25				
黑龙江	2	0.11	2	0.11	0.11				
上　海	750	1882.26	299	1191.44	1872.77				
江　苏	95	149.29	78	112.20	148.79				
浙　江	173	37.99	133	28.18	42.10				
安　徽	54	11.50	51	11.25	22.13				
福　建	50	18.55	35	17.95	19.48				
江　西	104	97.34	69	20.65	72.62				
山　东	82	23.12	81	22.72	24.80				
河　南	63	6.56	63	6.56	8.91				
湖　北	82	27.39	39	11.80	27.22				
湖　南	141	121.50	71	99.91	115.52				
广　东	334	115.94	313	107.89	82.40				
广　西	29	14.64	21	7.08	14.64				
海　南	12	1.84	12	1.84	1.84				
重　庆	21	8.20	14	3.70	20.09				
四　川	53	61.25	53	61.25	61.58				
贵　州									
云　南	154	91.07	154	91.07	91.41				
西　藏	115	42.50	115	42.50	22.05				
陕　西	59	70.15	35	14.80	61.36				
甘　肃	17	4.85	16	4.75	3.65				
青　海	10	6.96	10	6.96	7.80				
宁　夏	1	0.10	1	0.10	0.10				
新　疆	106	896.52	78	877.17	930.95				
兵　团									

按载体形式分类全国各地区录像制品出版品种、数量及发行数量（续表）

单位：种、万盒（张）

	数码激光视盘（VCD）				高密度激光视盘（DVD－V）				其他载体			
	合计		其中：新版		合计		其中：新版		合计		其中：新版	
	种数	数量	种数	数量	种数	数量	种数	数量	种数	数量	种数	数量
全国总计	**671**	**1263.52**	**203**	**385.53**	**4490**	**5619.63**	**3212**	**3526.21**	**132**	**32.00**	**113**	**21.37**
中　央	**349**	**1030.84**	**31**	**256.99**	**1903**	**2080.27**	**1230**	**830.13**	**96**	**18.38**	**87**	**8.68**
地　方	**322**	**232.68**	**172**	**128.54**	**2587**	**3539.36**	**1982**	**2696.08**	**36**	**13.62**	**26**	**12.68**
北　京					125	27.74	125	27.74	3	0.45	3	0.45
天　津					12	5.90	12	5.90				
河　北					13	2.40	13	2.40				
山　西					68	5.15	68	5.15				
内蒙古					31	4.95	31	4.95	1	0.03	1	0.03
辽　宁	5	1.25	5	1.25	53	3.21	53	3.21				
吉　林	1	0.10	1	0.10	126	44.85	125	44.25				
黑龙江	1	0.10	1	0.10	1	0.01	1	0.01				
上　海	147	51.17	52	22.70	588	1830.73	241	1168.44	15	0.35	6	0.30
江　苏	6	5.13	4	3.20	87	132.83	73	98.55	2	11.33	1	10.45
浙　江	11	5.96	1	0.10	150	30.83	120	26.88	12	1.20	12	1.20
安　徽					53	11.49	50	11.24	1	0.01	1	0.01
福　建					50	18.55	35	17.95				
江　西	29	12.50	29	12.50	75	84.84	40	8.15				
山　东					82	23.12	81	22.72				
河　南					63	6.56	63	6.56				
湖　北	26	11.26	8	2.40	56	16.12	31	9.40				
湖　南	13	24.03	12	23.98	127	97.42	58	75.88	1	0.05	1	0.05
广　东	3	8.53	1	7.50	330	107.22	311	100.19	1	0.20	1	0.20
广　西					29	14.64	21	7.08				
海　南					12	1.84	12	1.84				
重　庆	4	3.90			17	4.30	14	3.70				
四　川					53	61.25	53	61.25				
贵　州												
云　南	54	54.00	54	54.00	100	37.07	100	37.07				
西　藏					115	42.50	115	42.50				
陕　西	22	54.73	4	0.71	37	15.41	31	14.09				
甘　肃					17	4.85	16	4.75				
青　海					10	6.96	10	6.96				
宁　夏					1	0.10	1	0.10				
新　疆					106	896.52	78	877.17				
兵　团												

按内容分类全国录像制品出版品种、数量

单位：种、万盒（张）

	录像制品合计				录像带（VT）			
	合计		其中：新版		合计		其中：新版	
	种数	数量	种数	数量	种数	数量	种数	数量
全国总计	**5293**	**6915.15**	**3528**	**3933.10**				
其中：少儿出版	532	2212.62	395	1653.10				
教育	2375	5045.50	1136	2315.96				
语言	64	104.16	20	37.56				
文学	90	66.12	53	61.73				
体育	56	24.61	42	20.25				
影视作品	1102	754.11	900	728.69				
音乐舞蹈	330	165.65	278	127.58				
社会科学	411	261.10	326	223.10				
医药卫生	112	25.08	104	21.90				
农业科学	106	9.82	104	9.32				
综合	226	189.43	203	182.16				
其他	421	269.57	362	204.86				

续表1

	数码激光视盘（VCD）				高密度激光视盘（DVD－V）				其他载体			
	合计		其中：新版		合计		其中：新版		合计		其中：新版	
	种数	数量	种数	数量	种数	数量	种数	数量	种数	数量	种数	数量
全国总计	**671**	**1263.52**	**203**	**385.53**	**4490**	**5619.63**	**3212**	**3526.21**	**132**	**32.00**	**113**	**21.37**
其中：少儿出版	150	334.85	107	324.76	381	1877.77	287	1328.34	1	0.00	1	0.00
教育	594	1192.64	173	375.34	1749	3845.31	935	1936.66	32	7.55	28	3.95
语言	21	53.98	4	0.71	43	50.18	16	36.85				
文学	21	3.32	1	0.07	59	62.72	51	61.63	10	0.08	1	0.03
体育	4	0.80			52	23.81	42	20.25				
影视作品	2	7.55	1	7.50	1088	745.31	887	719.94	12	1.25	12	1.25
音乐舞蹈	2	1.64	1	0.00	323	163.80	272	127.37	5	0.21	5	0.21
社会科学	8	0.73	7	0.43	369	256.69	285	218.99	34	3.68	34	3.68
医药卫生	7	1.49	6	1.28	105	23.59	98	20.62				
农业科学	8	0.04	8	0.04	82	9.62	80	9.13	16	0.15	16	0.15
综合					225	189.33	202	182.06	1	0.10	1	0.10
其他	4	1.32	2	0.15	395	249.27	344	192.71	22	18.98	16	12.00

按内容分类全国各地区录像制品出版品种、数量（VCD）

单位：种、万盒（张）

	VCD 合计		教育		语言		文学		体育		影视作品	
	种数	数量	种数	数量	种数	数量	种数	数量	种数	数量	种数	数量
全国总计	**671**	**1263.52**	**594**	**1192.64**	**21**	**53.98**	**21**	**3.32**	**4**	**0.80**	**2**	**7.55**
中　　央	**349**	**1030.84**	**323**	**1028.22**			**2**	**0.91**	**4**	**0.80**	**1**	**0.05**
地　　方	**322**	**232.68**	**271**	**164.42**	**21**	**53.98**	**19**	**2.41**			**1**	**7.50**
北　　京												
天　　津												
河　　北												
山　　西												
内 蒙 古												
辽　　宁	5	1.25										
吉　　林	1	0.10	1	0.10								
黑 龙 江	1	0.10	1	0.10								
上　　海	147	51.17	125	46.46			19	2.41				
江　　苏	6	5.13	5	4.43								
浙　　江	11	5.96	10	5.86								
安　　徽												
福　　建												
江　　西	29	12.50	29	12.50								
山　　东												
河　　南												
湖　　北	26	11.26	26	11.26								
湖　　南	13	24.03	13	24.03								
广　　东	3	8.53	2	1.03							1	7.50
广　　西												
海　　南												
重　　庆	4	3.90	4	3.90								
四　　川												
贵　　州												
云　　南	54	54.00	54	54.00								
西　　藏												
陕　　西	22	54.73	1	0.75	21	53.98						
甘　　肃												
青　　海												
宁　　夏												
新　　疆												
兵　　团												

按内容分类全国各地区录像制品出版品种、数量（续表1）
（VCD）

单位：种、万盒（张）

	音乐舞蹈		社会科学		医药卫生		农业科学		综合		其他	
	种数	数量	种数	数量	种数	数量	种数	数量	种数	数量	种数	数量
全国总计	**2**	**1.64**	**8**	**0.73**	**7**	**1.49**	**8**	**0.04**			**4**	**1.32**
中　　央	**1**	**0.00**	**8**	**0.73**	**1**	**0.03**	**8**	**0.04**			**1**	**0.05**
地　　方	**1**	**1.63**			**6**	**1.46**					**3**	**1.27**
北　　京												
天　　津												
河　　北												
山　　西												
内 蒙 古												
辽　　宁					5.00	1.25						
吉　　林												
黑 龙 江												
上　　海	1	1.63			1.00	0.21					1	0.47
江　　苏											1	0.71
浙　　江											1	0.10
安　　徽												
福　　建												
江　　西												
山　　东												
河　　南												
湖　　北												
湖　　南												
广　　东												
广　　西												
海　　南												
重　　庆												
四　　川												
贵　　州												
云　　南												
西　　藏												
陕　　西												
甘　　肃												
青　　海												
宁　　夏												
新　　疆												
兵　　团												

按内容分类全国各地区录像制品出版品种、数量（续表2）（DVD－V）

单位：种、万盒（张）

	DVD－V 合计		教育		语言		文学		体育		影视作品	
	种数	数量	种数	数量	种数	数量	种数	数量	种数	数量	种数	数量
全国总计	**4490**	**5619.63**	**1749**	**3845.31**	**43**	**50.18**	**59**	**62.72**	**52**	**23.81**	**1088**	**745.31**
中　　央	**1903**	**2080.27**	**806**	**1632.38**	**14**	**38.57**	**2**	**2.00**	**31**	**15.09**	**533**	**107.47**
地　　方	**2587**	**3539.36**	**943**	**2212.93**	**29**	**11.61**	**57**	**60.72**	**21**	**8.73**	**555**	**637.84**
北　　京	125	27.74	33	8.30					5	2.90	23	2.64
天　　津	12	5.90	9	5.00								
河　　北	13	2.40	1	0.40								
山　　西	68	5.15	43	3.02							15	1.45
内 蒙 古	31	4.95			10	0.30	4	1.40				
辽　　宁	53	3.21	14	1.22					2	0.01	7	0.21
吉　　林	126	44.85	64	34.90							24	2.80
黑 龙 江	1	0.01										
上　　海	588	1830.73	314	1744.75	1	0.50	38	1.51			140	11.29
江　　苏	87	132.83	23	118.24			2	0.20			2	0.10
浙　　江	150	30.83	87	25.18							11	0.60
安　　徽	53	11.49	20	3.52					9	4.35	10	1.27
福　　建	50	18.55	26	2.84							1	1.50
江　　西	75	84.84	45	74.16	7	8.85						
山　　东	82	23.12	35	8.20							14	7.40
河　　南	63	6.56	6	1.10					2	0.05	5	0.82
湖　　北	56	16.12	31	8.88							1	0.10
湖　　南	127	97.42	83	51.92							18	31.27
广　　东	330	107.22	27	11.50	1	0.10			3	1.42	237	75.15
广　　西	29	14.64	17	6.06	1	0.20					2	2.74
海　　南	12	1.84									5	0.24
重　　庆	17	4.30	3	0.60							1	0.10
四　　川	53	61.25	18	52.75	1	0.10					17	4.00
贵　　州												
云　　南	100	37.07	2	0.60							3	0.70
西　　藏	115	42.50	4	0.40								
陕　　西	37	15.41	7	0.92	5	1.01					2	8.80
甘　　肃	17	4.85	5	0.25							3	2.70
青　　海	10	6.96	1	1.20							7	4.76
宁　　夏	1	0.10									1	0.10
新　　疆	106	896.52	25	47.03	3	0.55	13	57.61			6	477.11
兵　　团												

按内容分类全国各地区录像制品出版品种、数量（续表3）
（DVD－V）

单位：种、万盒（张）

	音乐舞蹈		社会科学		医药卫生		农业科学		综合		其他	
	种数	数量	种数	数量	种数	数量	种数	数量	种数	数量	种数	数量
全国总计	**323**	**163.80**	**369**	**256.69**	**105**	**23.59**	**82**	**9.62**	**225**	**189.33**	**395**	**249.27**
中　　央	**85**	**27.64**	**236**	**212.31**	**42**	**10.23**	**34**	**4.44**	**36**	**6.76**	**84**	**23.38**
地　　方	**238**	**136.16**	**133**	**44.38**	**63**	**13.35**	**48**	**5.18**	**189**	**182.56**	**311**	**225.89**
北　　京	22	3.22	2	0.60	12.00	3.00			1	0.10	27	6.98
天　　津			1	0.30							2	0.60
河　　北									6	1.35	6	0.65
山　　西	2	0.15	3	0.25	1.00	0.20	3.00	0.03	1	0.05		
内 蒙 古	17	3.25										
辽　　宁					13.00	0.65			11	0.62	6	0.50
吉　　林	2	0.50	2	0.15			1.00	0.10	26	3.65	7	2.75
黑 龙 江	1	0.01										
上　　海	31	8.08	1	0.80	19.00	5.25			4	0.28	40	58.27
江　　苏	16	3.24	7	1.47					23	3.74	14	5.84
浙　　江	2	0.60	1	0.75	9.00	1.65	5.00	0.50	2	0.70	33	0.86
安　　徽	2	0.46	3	0.06			1.00	0.23	5	1.35	3	0.25
福　　建	1	0.10	8	3.12			1.00	0.10	3	2.60	10	8.29
江　　西	1	0.10	11	0.63			11.00	1.10				
山　　东	3	0.30			1.00	0.80			15	3.92	14	2.50
河　　南	8	0.35	1	0.30			1.00	0.40	24	0.27	16	3.27
湖　　北	8	0.70	12	5.89			1.00	0.11	2	0.40	1	0.04
湖　　南	23	13.69	2	0.47							1	0.07
广　　东	17	10.80	9	1.38					2	0.30	34	6.57
广　　西							1.00	0.38			8	5.25
海　　南	1	0.30					1.00	0.10	4	1.10	1	0.10
重　　庆	1	0.20									12	3.40
四　　川	10	2.50	2	0.70					2	0.70	3	0.50
贵　　州												
云　　南	35	23.56	29	6.60	4.00	0.04	15.00	1.90	9	2.96	3	0.71
西　　藏	12	2.00	36	20.30					17	5.10	46	14.70
陕　　西	9	1.35	2	0.51	4.00	1.76			1	0.10	7	0.97
甘　　肃	5	0.50	1	0.10					3	1.30		
青　　海	2	1.00										
宁　　夏												
新　　疆	7	59.20					7.00	0.24	28	151.96	17	102.82
兵　　团												

按内容分类全国各地区录像制品出版品种、数量（续表4）
（其他载体）

单位：种、万盒（张）

	其他载体合计		教育		语言		文学		体育		影视作品	
	种数	数量	种数	数量	种数	数量	种数	数量	种数	数量	种数	数量
全国总计	**132**	**32.00**	**32**	**7.55**			**10**	**0.08**			**12**	**1.25**
中　央	**96**	**18.38**	**14**	**6.05**							**11**	**1.20**
地　方	**36**	**13.62**	**18**	**1.50**			**10**	**0.08**			**1**	**0.05**
北　京	3	0.45										
天　津												
河　北												
山　西												
内蒙古	1	0.03					1	0.03				
辽　宁												
吉　林												
黑龙江												
上　海	15	0.35	6	0.30			9	0.05				
江　苏	2	11.33										
浙　江	12	1.20	12	1.20								
安　徽	1	0.01										
福　建												
江　西												
山　东												
河　南												
湖　北												
湖　南	1	0.05									1	0.05
广　东	1	0.20										
广　西												
海　南												
重　庆												
四　川												
贵　州												
云　南												
西　藏												
陕　西												
甘　肃												
青　海												
宁　夏												
新　疆												
兵　团												

按内容分类全国各地区录像制品出版品种、数量（续表5）
（其他载体）

单位：种、万盒（张）

	音乐舞蹈		社会科学		医药卫生		农业科学		综合		其他	
	种数	数量	种数	数量	种数	数量	种数	数量	种数	数量	种数	数量
全国总计	**5**	**0.21**	**34**	**3.68**			**16**	**0.15**	**1**	**0.10**	**22**	**18.98**
中　　央	**3**	**0.05**	**34**	**3.68**			**16**	**0.15**	**1**	**0.10**	**17**	**7.15**
地　　方	**2**	**0.16**									**5**	**11.83**
北　　京	1	0.15									2	0.30
天　　津												
河　　北												
山　　西												
内 蒙 古												
辽　　宁												
吉　　林												
黑 龙 江												
上　　海												
江　　苏											2	11.33
浙　　江												
安　　徽	1	0.01										
福　　建												
江　　西												
山　　东												
河　　南												
湖　　北												
湖　　南												
广　　东											1	0.20
广　　西												
海　　南												
重　　庆												
四　　川												
贵　　州												
云　　南												
西　　藏												
陕　　西												
甘　　肃												
青　　海												
宁　　夏												
新　　疆												
兵　　团												

按载体形式分类全国各地区电子出版物出版品种、数量及发行数量

单位：种、万张

	电子出版物					只读光盘（CD－ROM）			
	合计		其中：新版		发行数量	合计		其中：新版	
	种数	数量	种数	数量		种数	数量	种数	数量
全国总计	**9240**	**28132.93**	**3991**	**7895.89**	**27307.16**	**5746**	**25157.16**	**1984**	**6628.04**
中　　央	**5614**	**20065.18**	**2026**	**6810.50**	**19589.47**	**3497**	**17923.63**	**948**	**5981.90**
地　　方	**3626**	**8067.75**	**1965**	**1085.39**	**7717.69**	**2249**	**7233.53**	**1036**	**646.14**
北　　京	79	30.00	79	30.00	25.46	25	27.11	25	27.11
天　　津	97	37.34	93	36.52	36.04	29	14.66	25	13.84
河　　北	102	116.25	25	43.13	128.35	81	104.28	18	41.02
山　　西	59	11.82	59	11.82	11.61	41	9.87	41	9.87
内 蒙 古	35	14.40	17	3.66	12.20	31	14.30	13	3.56
辽　　宁	257	238.75	146	24.83	260.89	211	233.14	108	20.54
吉　　林	57	29.92	57	29.92	29.89	43	28.52	43	28.52
黑 龙 江	3	1.50	3	1.50	1.50				
上　　海	748	1456.50	261	244.04	1271.16	450	1196.29	102	133.43
江　　苏	304	2717.76	66	54.69	2727.10	193	2664.41	18	30.46
浙　　江	326	802.22	99	79.74	798.79	180	723.19	67	21.65
安　　徽	12	2.23	12	2.23	2.51	1	0.01	1	0.01
福　　建	22	10.09	22	10.09	12.88	9	1.12	9	1.12
江　　西	72	9.04	72	9.04	5.93	50	7.07	50	7.07
山　　东	345	357.57	289	134.83	238.04	131	131.68	93	16.60
河　　南	133	210.13	133	210.13	214.79	64	201.20	64	201.20
湖　　北	145	256.48	104	9.01	256.43	109	252.73	78	8.02
湖　　南	97	172.05	24	28.87	165.74	74	151.07	14	7.98
广　　东	312	1337.90	142	55.23	1246.01	226	1266.17	85	27.55
广　　西	11	1.30	11	1.30	1.30	6	0.80	6	0.80
海　　南	1	0.05	1	0.05	0.05	1	0.05	1	0.05
重　　庆	146	70.63	55	17.47	67.98	66	26.57	15	2.97
四　　川	163	84.62	111	6.89	106.87	162	84.51	110	6.78
贵　　州									
云　　南	28	65.42	21	31.44	65.48	22	65.27	15	31.29
西　　藏									
陕　　西	66	32.30	57	7.48	30.50	44	29.51	35	4.70
甘　　肃									
青　　海	5	1.30	5	1.30					
宁　　夏									
新　　疆	1	0.20	1	0.20	0.20				
兵　　团									

按载体形式分类全国各地区电子出版物出版品种、数量及发行数量（续表）

单位：种、万张

	高密度只读光盘（DVD－ROM）				交互式光盘（CD－I）				其他载体			
	合计		其中：新版		合计		其中：新版		合计		其中：新版	
	种数	数量	种数	数量	种数	数量	种数	数量	种数	数量	种数	数量
全国总计	**3026**	**2619.84**	**1630**	**1032.52**	**5**	**2.90**	**5**	**2.90**	**463**	**353.02**	**372**	**232.43**
中　　央	**1905**	**1926.01**	**909**	**696.89**	**1**	**0.10**	**1**	**0.10**	**211**	**215.43**	**168**	**131.61**
地　　方	**1121**	**693.83**	**721**	**335.63**	**4**	**2.80**	**4**	**2.80**	**252**	**137.59**	**204**	**100.82**
北　　京	51	2.74	51	2.74					3	0.16	3	0.16
天　　津	68	22.68	68	22.68								
河　　北	19	11.77	5	1.91					2	0.20	2	0.20
山　　西	8	1.60	8	1.60					10	0.35	10	0.35
内 蒙 古	4	0.10	4	0.10								
辽　　宁	46	5.60	38	4.28								
吉　　林	14	1.40	14	1.40								
黑 龙 江	3	1.50	3	1.50								
上　　海	137	151.63	46	38.80					161	108.58	113	71.81
江　　苏	97	43.85	34	14.73					14	9.50	14	9.50
浙　　江	142	77.78	28	56.84					4	1.25	4	1.25
安　　徽	11	2.22	11	2.22								
福　　建	12	8.96	12	8.96					1	0.01	1	0.01
江　　西	20	1.77	20	1.77					2	0.20	2	0.20
山　　东	213	225.78	195	118.13					1	0.10	1	0.10
河　　南	60	8.70	60	8.70					9	0.23	9	0.23
湖　　北	30	3.22	20	0.47					6	0.53	6	0.53
湖　　南	23	20.98	10	20.88								
广　　东	52	54.07	23	10.00	4	2.80	4	2.80	30	14.87	30	14.87
广　　西	5	0.50	5	0.50								
海　　南												
重　　庆	77	43.46	37	13.90					3	0.60	3	0.60
四　　川									1	0.10	1	0.10
贵　　州												
云　　南	6	0.15	6	0.15								
西　　藏												
陕　　西	18	2.08	18	2.08					4	0.70	4	0.70
甘　　肃												
青　　海	5	1.30	5	1.30								
宁　　夏												
新　　疆									1	0.20	1	0.20
兵　　团												

五、出版物印刷

全国出版物印刷生产情况

指标名称	企业家数	印刷产量		装订产量	用纸量
		黑白	彩色		
计量单位	个	万令	万对开色令	万令	万令
全国总计	**8753**	**30375.05**	**140600.54**	**33425.47**	**62255.52**
北　　京	780	2008.66	14631.08	2802.59	3934.99
天　　津	152	2595.19	3636.75	201.26	3731.81
河　　北	681	2102.64	3627.85	3959.49	3319.57
山　　西	166	282.00	1988.25	324.24	621.15
内 蒙 古	101	121.48	504.78	110.68	281.30
辽　　宁	165	1792.30	2493.85	1074.47	2446.56
吉　　林	212	774.33	2597.21	432.90	1484.00
黑 龙 江	155	222.06	1782.63	278.02	674.71
上　　海	201	382.51	7239.14	394.30	1552.87
江　　苏	426	1307.22	6476.46	1632.42	3360.55
浙　　江	748	1885.23	13483.08	2034.00	5326.02
安　　徽	302	838.20	5227.77	1400.39	2433.18
福　　建	288	548.28	1426.80	447.07	888.20
江　　西	140	984.11	1363.42	933.45	1024.03
山　　东	522	3550.52	28712.03	4906.64	8825.59
河　　南	434	867.35	3605.93	1171.82	2236.49
湖　　北	349	1122.41	2710.27	1454.01	1980.10
湖　　南	434	920.20	4660.07	1321.61	2310.35
广　　东	910	3353.43	17726.94	4019.28	6971.47
广　　西	151	1109.14	4437.37	1004.41	2830.83
海　　南	26	63.23	476.01	47.35	131.88
重　　庆	148	433.33	1173.31	407.86	683.48
四　　川	282	1522.95	4166.21	1308.88	1916.34
贵　　州	173	161.93	1250.00	147.95	341.68
云　　南	171	325.52	1203.54	330.03	724.49
西　　藏	28	41.13	86.28	36.05	90.13
陕　　西	257	662.80	2434.25	662.00	1220.24
甘　　肃	99	199.12	427.17	206.00	325.85
青　　海	47	44.02	175.59	41.61	100.63
宁　　夏	71	46.42	126.68	47.42	89.92
新　　疆	127	101.36	676.13	279.37	378.57
兵　　团	7	5.98	73.69	7.90	18.54

全国出版物印刷企业财务情况

单位：家，万元，人

地区	单位数	资产年末合计	负债年末合计	所有者权益年末合计	主营业务收入	营业利润	利润总额	年末平均人数
全国总计	**8753**	**24896174.60**	**12393618.43**	**12443828.20**	**16042730.33**	**1071073.53**	**1175887.89**	**451667**
北　京	780	2789764.47	1454204.99	1334389.38	1713783.78	99107.34	114442.11	33225
天　津	152	346043.98	201102.71	144941.27	194054.55	-7830.76	-6618.73	5816
河　北	681	1314198.55	673811.77	640386.79	766529.53	125626.20	126306.55	34932
山　西	166	313649.42	156224.20	157425.22	157895.19	-990.01	-263.12	8715
内蒙古	101	98834.55	49173.66	49310.89	63895.52	3308.39	4111.42	2547
辽　宁	165	419752.82	265786.95	142857.36	184968.85	-231.73	2252.91	6330
吉　林	212	1018573.91	335039.79	683534.13	224844.21	66021.00	68355.57	7462
黑龙江	155	217406.39	120601.62	96804.77	101333.34	-2968.52	-1674.91	4992
上　海	201	1663206.49	813306.07	849900.44	1262930.08	70722.69	85504.48	17112
江　苏	426	1498251.34	779128.40	719122.94	1043576.82	40706.68	46098.40	29543
浙　江	748	2055976.88	1063197.87	971544.83	1433236.37	60753.63	68238.63	33794
安　徽	302	869567.73	392227.56	477340.18	566150.83	46733.07	53701.80	15535
福　建	288	752116.49	315422.19	435524.67	553153.24	39031.02	48088.00	17213
江　西	140	460036.58	227870.98	232165.60	308307.08	10407.40	11285.46	8075
山　东	522	2187271.11	1035203.06	1152068.05	1715871.40	212181.68	214153.96	43029
河　南	434	817960.12	427920.32	390039.80	524955.14	22367.95	23362.09	19772
湖　北	349	687337.49	348727.77	338609.71	458208.99	12027.37	13702.12	16661
湖　南	434	1070092.71	478217.87	576970.94	913549.07	90629.91	94961.95	19560
广　东	910	2903978.69	1454211.60	1449767.09	2025514.56	100617.00	104114.79	60054
广　西	151	543246.12	251839.94	286042.19	278592.98	15295.24	17098.83	7386
海　南	26	54922.27	28964.93	25957.34	36975.97	2404.43	2646.24	1220
重　庆	148	614003.65	327808.01	286195.63	371086.94	29250.73	32987.48	13629
四　川	282	522391.86	307260.36	215131.50	260437.18	6766.66	8278.35	9831
贵　州	173	186960.45	105131.57	80716.69	96998.99	4526.25	6691.28	4118
云　南	171	357427.13	163927.65	193499.48	183760.47	12300.16	14672.93	6222
西　藏	28	55694.09	27153.30	28540.79	24887.20	1111.12	1702.66	928
陕　西	257	570541.55	288403.05	282138.49	305887.21	12569.11	14991.17	12526
甘　肃	99	159384.29	106835.26	52549.03	92641.12	892.23	1245.58	4462
青　海	47	42513.57	27438.83	15074.74	28119.17	-254.35	329.81	1336
宁　夏	71	58125.04	32471.87	23337.68	29688.35	-534.01	69.46	1396
新　疆	127	217250.16	120057.58	97192.58	108617.45	-2028.35	3537.25	3726
兵　团	7	29694.70	14946.70	14748.00	12278.75	554.00	1513.37	520

六、出版物发行

全国新华书店系统、出版社自办发行单位出版物发行进、销、存情况

	购进		销售		库存	
	数量	金额	数量	金额	数量	金额
全国总计	**2110215**	**30421914**	**2131896**	**29544348**	**625861**	**12209707**
中　　央	**248957**	**6578830**	**245095**	**6144323**	**133117**	**4655362**
地　　方	**1861258**	**23843084**	**1886800**	**23400025**	**492744**	**7554345**
北　　京	13709	415373	13040	389097	8911	290485
天　　津	15583	250558	15020	242791	5214	116936
河　　北	81669	1138121	93707	1125861	44533	185093
山　　西	43838	549221	47890	580953	12474	186539
内蒙古	18863	265026	19227	265332	3284	39217
辽　　宁	30148	392111	30942	399632	9426	205673
吉　　林	20012	332418	21027	342585	5695	125250
黑龙江	29392	411611	29832	412444	4965	90481
上　　海	45145	1173380	42840	1043281	23390	760278
江　　苏	193395	2222005	195535	2136739	64758	958988
浙　　江	136721	2075595	136692	1985097	48522	966037
安　　徽	114168	1322957	113696	1321178	19305	299019
福　　建	43535	454801	41423	437599	10620	115664
江　　西	96391	1192936	92064	1150537	13092	210313
山　　东	144351	1643299	144942	1624196	54646	514833
河　　南	161334	1334435	161025	1322491	16015	211797
湖　　北	66047	867265	65382	885856	9618	201657
湖　　南	128617	1771270	136183	1793732	33750	460349
广　　东	78828	941428	75377	877992	35417	410054
广　　西	67091	622417	67194	622192	4848	102003
海　　南	13166	154331	14535	167437	1032	23493
重　　庆	30410	434805	31189	456774	10288	175367
四　　川	67693	1096462	70889	1058129	11652	336691
贵　　州	37260	349988	36907	347612	3453	31949
云　　南	46675	652109	46099	632273	7035	128610
西　　藏	2265	27020	2798	26979	990	7964
陕　　西	62160	712162	64941	710963	18945	212927
甘　　肃	27600	363150	30633	368229	920	42549
青　　海	2253	34687	2139	34870	1261	11313
宁　　夏	5454	68135	5428	67517	602	15969
新　　疆	37482	574010	38205	569655	8085	116844

全国新华书店系统、出版社自办发行单位出版物纯销售情况

	总计	零售			批给县以下单位或个人	出口
		合计	市、县	县以下		
全国总计	**9093530**	**8886759**	**7595250**	**1291508**	**186169**	**20603**
中　　央	**504977**	**465409**	**460762**	**4648**	**23508**	**16059**
地　　方	**8588554**	**8421349**	**7134489**	**1286861**	**162661**	**4544**
北　　京	119367	118894	117563	1331	0	473
天　　津	48450	48411	47326	1085	0	39
河　　北	378356	378018	277473	100545	338	0
山　　西	267654	262852	211780	51073	4802	
内 蒙 古	28142	28050	27999	51	92	
辽　　宁	105782	105763	104667	1096	8	11
吉　　林	95484	93637	93373	264	1847	0
黑 龙 江	305774	305774	303250	2525		
上　　海	249091	247332	247307	25	72	1686
江　　苏	615885	597819	408118	189702	18046	20
浙　　江	819210	818912	784480	34432	236	62
安　　徽	548019	546720	457170	89550	0	1299
福　　建	192250	184328	149426	34903	7401	521
江　　西	406681	394249	377895	16354	12358	75
山　　东	662598	662581	551956	110626	17	0
河　　南	496827	490670	261229	229441	6157	0
湖　　北	116656	116138	104309	11829	498	20
湖　　南	666626	666367	549419	116948	259	0
广　　东	257222	252274	227009	25264	4610	338
广　　西	197977	124677	88547	36130	73300	
海　　南	25689	25689	25689			
重　　庆	168761	168761	146689	22072		
四　　川	645263	644951	644770	181	313	0
贵　　州	169409	167993	111442	56551	1416	
云　　南	287200	287200	211563	75637	0	0
西　　藏	9570	9570	9490	80	0	0
陕　　西	288149	271807	250445	21362	16342	0
甘　　肃	162418	162418	105424	56994	0	0
青　　海	11634	11634	11634			
宁　　夏	21012	21012	21012	0	0	0
新　　疆	221395	206847	206034	812	14549	0

全国新华书店系统、出版社自办发行单位出版物销售分类情况

	2016 年		2017 年		增减		2016 年各类所占百分比		2017 年各类所占百分比	
	数量	金额	数量	金额	数量	金额	数量	金额	数量	金额
销售总计	**2082656**	**27713353**	**2131896**	**29544348**	**2**	**7**				
零售合计	**680402**	**8330971**	**711547**	**8886759**	**5**	**7**	**100.00**	**100.00**	**100.00**	**100.00**
图书	670909	7955620	702052	8508411	5	7	98.60	95.49	98.67	95.74
哲学、社会科学	29428	566324	30472	599117	4	6	4.33	6.80	4.28	6.74
文化、教育	542609	5817403	570462	6209957	5	7	79.75	69.83	80.17	69.88
其中：中小学课本及教参	253832	2282040	270081	2431703	6	7	37.31	27.39	37.96	27.36
教辅读物	203622	2382655	220055	2599216	8	9	29.93	28.60	30.93	29.25
文学，艺术	28132	552626	29512	631933	5	14	4.13	6.63	4.15	7.11
自然科学，技术	15077	361104	15014	388378	0	8	2.22	4.33	2.11	4.37
综合	55663	658163	56592	679027	2	3	8.18	7.90	7.95	7.64
少年儿童读物	19961	358755	21174	416214	6	16	2.93	4.31	2.98	4.68
大中专教材、业余教育及教参	12417	264763	12904	269407	4	2	1.82	3.18	1.81	3.03
期刊	2973	117629	3351	119276	13	1	0.44	1.41	0.47	1.34
报纸	1051	10972	963	9285	-8	-15	0.15	0.13	0.14	0.10
音像制品	3904	76279	3904	71007	0	-7	0.57	0.92	0.55	0.80
电子出版物	1565	113906	1277	35000	-18	-69	0.23	1.37	0.18	0.39
数字出版物		56565		143780		154		0.68		1.62
非出版物商品		3194600		3865336		21				

全国出版物发行网点数量和人数

	发行网点							新华书店系统出版社自办发行从业人数	
	合计	新华书店及其发行网点	供销社	出版社	邮政系统	新华书店系统外批发网点	集个体零售	全部职工	其中：新华书店及发行网点
全　国	**162811**	**9633**	**59**	**437**	**40523**	**8969**	**103190**	**132402**	**121490**
中　央				**68**				**798**	
地　方	**162743**	**9633**	**59**	**369**	**40523**	**8969**	**103190**	**131604**	**121490**
北　京	8922	93		18	2347	1960	4504	3645	3133
天　津	2477	67		12	521	275	1602	1195	1028
河　北	8222	469		9	2460	225	5059	7316	6415
山　西	2888	422		7	340	162	1957	4648	3997
内蒙古	1317	96		7		63	1151	2150	2010
辽　宁	4319	136		33	356	290	3504	4456	3669
吉　林	1590	88		14	275	175	1038	4272	2438
黑龙江	2495	211	59	3	363	129	1730	2880	2848
上　海	3360	91	0	73	1103	356	1737	2376	1773
江　苏	16513	891		18	2376	335	12893	5867	5726
浙　江	11234	775		10	2201	339	7909	7969	7856
安　徽	8200	586		11	3457	370	3776	5573	5508
福　建	3957	110		18	1183	168	2478	3434	3364
江　西	3379	292		6	21	266	2794	3141	3040
山　东	8992	485		3	690	346	7468	7630	7614
河　南	12362	1254		12	5917	376	4803	13942	12476
湖　北	4266	95	0	14	328	514	3315	4479	4158
湖　南	9995	1162		13	4570	235	4015	8533	7185
广　东	7826	305		25		724	6772	5149	5074
广　西	5793	251		8	1670	208	3656	3707	3627
海　南	676	35	0	5	388	40	208	1165	1126
重　庆	4209	267		3	601	102	3236	2890	2890
四　川	8986	213	0	0	3100	273	5400	8910	8910
贵　州	3253	189	0	6	833	148	2077	1611	1556
云　南	5781	272	0	8	1831	145	3525	3767	3751
西　藏	361	64		2	1		294	336	320
陕　西	4111	204		23	1577	216	2091	4504	4193
甘　肃	2215	257		1	81	221	1655	2369	2309
青　海	531	58			189	27	257	595	595
宁　夏	1066	31		3	200	63	769	388	365
新　疆	3447	164		4	1544	218	1517	2707	2536

七、出版物进出口

全国图书、期刊、报纸进出口情况

		出口		进口	
		数量（万册、份）	金额（万美元）	数量（万册、份）	金额（万美元）
总 计		**1870.72**	**6024.66**	**3255.60**	**31978.76**
图书	合 计	1232.71	5460.53	2033.59	17036.94
	哲学、社会科学	177.09	1438.03	86.39	2549.01
	文化、教育	144.32	1001.70	436.38	3903.70
	文学、艺术	198.92	1102.92	265.11	2108.04
	自然、科学技术	46.81	291.03	66.38	2368.56
	少儿读物	539.70	802.35	690.59	2371.98
	综合性图书	125.87	824.50	488.74	3735.65
期 刊		335.19	504.37	311.74	13595.01
报 纸		302.82	59.76	910.27	1346.81

注：以上数据为全国有出版物进口经营许可证的出版物进出口经营单位数据。

全国音像、电子出版物进出口情况

		出口		进口	
		数量（盒、张）	金额（万美元）	数量（盒、张）	金额（万美元）
总 计		**19294.00**	**163.34**	**135551.00**	**34584.46**
录音	合 计	18123.00	30.49	130951.00	119.85
	录音带（AT）	0.00	0.00	0.00	0.00
	激光唱片（CD）	0.00	0.00	130951.00	119.85
	数码激光唱盘（DVD－A）	18123.00	30.49	0.00	0.00
录像	合 计	1171.00	0.78	4600.00	10.10
	录像带（VT）	0.00	0.00	0.00	0.00
	数码激光视盘（DVD－V）	1171.00	0.78	4600.00	10.10
	数码激光视盘（VCD）	0.00	0.00	0.00	0.00
电子出版物		0.00	0.00	0.00	0.00
数字出版物		0.00	132.07	0.00	34454.51

注：以上数据为全国有出版物进口经营许可证的出版物进出口经营单位数据。

八、版权管理及贸易

全国版权合同登记情况统计

单位：份

	合　计	图　书	期　刊	音像制品	电子出版物	软　件	电　影	电视节目	其　他
合　计	**20015**	**16526**	**109**	**1860**	**424**	**869**			**227**
中国版权保护中心	**1845**			1763		82			
北　京	**9596**	9375	108		113				
天　津	**417**	363			54				
河　北	**192**	187				5			
山　西	**29**	29							
内蒙古									
辽　宁	**326**	326							
吉　林	**72**	72							
黑龙江	**165**	165							
上　海	**1340**	1129		97	114				
江　苏	**526**					526			
浙　江	**543**	364				179			
安　徽	**117**	117							
福　建	**94**	92				2			
江　西	**522**	522							
山　东	**337**	337							
河　南	**287**	287							
湖　北	**481**	366				65			50
湖　南	**306**	306							
广　东	**555**	235			143				177
广　西	**495**	495							
海　南	**178**	178							
重　庆	**298**	298							
四　川	**737**	726	1			10			
贵　州	**14**	14							
云　南	**301**	301							
西　藏									
陕　西	**185**	185							
甘　肃	**18**	18							
青　海									
宁　夏	**25**	25							
新　疆	**14**	14							

全国作品自愿登记情况统计

单位：份

	合计	文字	口述	音乐	曲艺	舞蹈	杂技	美术	摄影	建筑	影视	设计图	地图	模型	其他
合　　计	**2068388**	**487238**	**184**	**11683**	**179**	**270**	**28**	**668930**	**778647**	**351**	**45938**	**7806**	**472**	**343**	**66319**
中国版权保护中心	**226915**	20502	8	2170	19	9		153538	39501	6	4305	354	285	1	6217
北　　京	**809586**	217624		4889		1		6944	542575		72	348	1	49	37083
天　　津	**321**	129		24	12			127	4		5			5	15
河　　北	**1901**	496		16	1			1311	1		13	15			48
山　　西	**198**	69		6				72	1		10	34		3	3
内 蒙 古	**299**	55		28		9		162		15	7				23
辽　　宁	**9007**	2645		189				2368	388		202	2	1		3212
吉　　林	**1010**	203		82	1	1		360	231		9				123
黑 龙 江	**564**	228		97				231	2		5				1
上　　海	**234657**	129883		280				69942	19464	1	8925	103	2	4	6053
江　　苏	**285225**	46445	159	606	5	55	4	199556	14328	4	23631	208	125	88	11
浙　　江	**21005**	555		117				17730	1984		43	13			563
安　　徽	**10011**	1454		5	6	2		2286	6030		165	6	1	40	16
福　　建	**67203**	1409		408	1		2	64114	477	51	301	265	2	14	159
江　　西	**10212**	3773		72		1		2360	539		3093	37		10	327
山　　东	**83705**	2181	9	90	5	2	4	13551	66050	2	488	1018	9	29	267
河　　南	**1367**	587		74	1	1		372	1		140	23		1	167
湖　　北	**22005**	1621		78				17870	306		423	6	3		1698
湖　　南	**3971**	672		37				2346	607		142	52	8		107
广　　东	**54641**	7282		391	2	3		39488	1239	2	655	1039	24	34	4482
广　　西	**528**	115		37	3			107	207			55	1		3
海　　南	**172**	51	1	21				45			13	32			9
重　　庆	**75601**	10851		407		7		42585	14761	31	714	585	9	13	5638
四　　川	**140258**	37028	6	1221	113	168	18	26514	68878	239	2470	3491		46	66
贵　　州	**429**	20		22	5	11		225	29		10	99		4	4
云　　南	**583**	311		91				181							
西　　藏															
陕　　西	**5008**	599	1	53	3			3219	1031		72	13			17
甘　　肃	**190**	104		3				76	5						2
青　　海	**58**	10						42						2	4
宁　　夏	**488**	108		34	2			318			25		1		
新　　疆	**1270**	228		135				890	8			8			1

引进版权汇总表

原版权所在国家或地区名称	合　计	图　书	录音制品	录像制品	电子出版物	软　件	电　影	电视节目	其　他
引进版权总数（项）	**18120**	**17154**	**147**	**364**	**372**	**12**	**10**	**61**	
美国	6645	6217	41	239	126	1	2	19	
英国	2991	2835	23	17	80			36	
德国	951	933	2	11	3			2	
法国	1164	1133	2	11	14		4		
俄罗斯	93	90	0	1	2				
加拿大	170	156	0	5	9				
新加坡	259	249	5	0	3	1		1	
日本	2232	2101	25	54	46	4	1	1	
韩国	183	168	1	4	10				
中国香港地区	165	139	15	3	6	2			
中国澳门地区	0	0	0	0					
中国台湾地区	946	917	18	0	9	2			
其他	2321	2216	15	19	64	2	3	2	

输出版权汇总表

版权购买者所在国家或地区名称	合　计	图　书	录音制品	录像制品	电子出版物	软　件	电　影	电视节目	其　他
输出版权总数（项）	**13816**	**10670**	**322**	**102**	**1557**	**8**	**2**	**1152**	**3**
美国	1213	592			525			95	1
英国	496	421			24	1		50	
德国	498	421			26			50	1
法国	222	172						50	
俄罗斯	309	306	2					1	
加拿大	273	222						51	
新加坡	363	254			9	1		99	
日本	330	327			3				
韩国	540	490	25		25				
中国香港地区	1177	339	168	100	514			56	
中国澳门地区	141	87			4			50	
中国台湾地区	2035	1909	16		58			52	
其他	6219	5130	111	2	369	6	2	598	1

版权执法

案件查处情况				收缴盗版品情况			
项　目	上年度数量	本年度数量	同比增减（%）	项　目	上年度数量	本年度数量	同比增减（%）
行政处罚数量（件）	3065	3552	0.16	合 计	12919747	9709248	-0.25
案件移送数量（件）	189	442	1.34	书 刊	10042515	5468163	-0.46
检查经营单位数量（个）	878013	636864	-0.27	软 件	378021	365423	-0.03
取缔违法经营单位数量（个）	6243	4102	-0.34	音像制品	1953899	1393489	-0.29
查获地下窝点数量（个）	325	155	-0.52	电子出版物	162048	169552	0.05
其中：地下光盘生产线（条）	1	4	3.00	其 他	383264	2312621	5.03
违法经营网站服务器（个）	709	244	-0.66	未分类项			
罚款金额（人民币元）	13406043	10024793	-0.25				

九、出版机构、人员及单位名录

各地区图书、音像、出版物印刷、物资机构数及职工人数

单位：家、人

	图书出版单位		出版物印刷单位	印刷物资公司		音像出版单位	
	机构数	职工人数	机构数	机构数	职工人数	机构数	职工人数
全国总计	**585**	**67252**	**8753**	**17**	**1136**	**381**	**4056**
中　央	**219**	**29219**				**147**	**980**
地　方	**366**	**38033**	**8753**	**17**	**1136**	**234**	**3076**
北　京	20	978	780			12	100
天　津	12	940	152	1	23	8	66
河　北	8	896	681			5	45
山　西	8	651	166	2	104	3	98
内蒙古	7	558	101			1	45
辽　宁	18	1601	165			19	96
吉　林	15	1834	212			9	31
黑龙江	13	829	155	1	41	5	20
上　海	40	3564	201	1		25	335
江　苏	18	2862	426	1	266	7	132
浙　江	14	1417	748	1		7	81
安　徽	11	1036	302			7	99
福　建	11	758	288	1	29	5	233
江　西	7	1247	140	1	54	5	126
山　东	17	1744	522	1	253	14	104
河　南	12	1466	434	1		6	347
湖　北	14	2116	349	1	126	8	94
湖　南	13	1397	434	1	157	12	97
广　东	19	1509	910	1	52	22	257
广　西	8	1144	151			5	59
海　南	4	344	26			2	
重　庆	3	1778	148			6	43
四　川	16	1784	282	1		10	230
贵　州	6	340	173	2	31	1	2
云　南	8	761	171			9	62
西　藏	2	102	28			2	21
陕　西	17	1766	257			11	38
甘　肃	9	322	99			3	43
青　海	2	162	47			2	12
宁　夏	3	1206	71			1	10
新　疆	10	906	127			2	150
兵　团	1	15	7				

注：全国图书出版社585家，其中含副牌社33家。

全国图书出版单位名录

中央出版单位

单位名称	单位名称	单位名称
人民出版社	光明日报出版社	人民邮电出版社
东方出版社（副牌）	国际文化出版公司	社会科学文献出版社
生活·读书·新知三联书店	国家行政学院出版社	石油工业出版社
人民文学出版社	海洋出版社	时事出版社
天天出版社	航空工业出版社	世界知识出版社
商务印书馆	红旗出版社	台海出版社
中华书局	华龄出版社	团结出版社
人民美术出版社	华文出版社	外文出版社
人民音乐出版社	华夏出版社	华语教学出版社
华乐出版社（副牌）	化学工业出版社	海豚出版社
中国大百科全书出版社	机械工业出版社	万国学术出版社
知识出版社（副牌）	教育科学出版社	世界图书出版公司
中译出版社	金城出版社	文化艺术出版社
文化发展出版社	经济管理出版社	文物出版社
现代出版社	经济科学出版社	五洲传播出版社
荣宝斋出版社	经济日报出版社	西苑出版社
连环画出版社（副牌）	九州出版社	线装书局
中国书籍出版社	开明出版社	新华出版社
中国盲文出版社	科学出版社	新世界出版社
求真出版社（副牌）	龙门书局（副牌）	新星出版社
中国 ISBN 中心	科学技术文献出版社	学习出版社
商务印书馆国际有限公司	科学普及出版社	学苑出版社
国家图书馆出版社	中国科学技术出版社（副牌）	冶金工业出版社
兵器工业出版社	煤炭工业出版社	中国宇航出版社
朝华出版社	民主与建设出版社	语文出版社
书法出版社	民族出版社	原子能出版社
当代世界出版社	企业管理出版社	中共党史出版社
当代中国出版社	气象出版社	中共中央党校出版社
党建读物出版社	群言出版社	中国质检出版社
地震出版社	群众出版社	中国财政经济出版社
地质出版社	人民法院出版社	中国藏学出版社
电子工业出版社	人民交通出版社	中国城市出版社
法律出版社	人民教育出版社	中国大地出版社
方志出版社	人民日报出版社	中国地图出版社
高等教育出版社	人民体育出版社	测绘出版社（副牌）
中国工商出版社	人民卫生出版社	中国电力出版社

全国图书出版单位名录（续表1）

中央出版单位

单位名称	单位名称	单位名称
中国电影出版社	中国摄影出版社	北京大学医学出版社
中国商务出版社	中国社会出版社	对外经济贸易大学出版社
中国发展出版社	中国社会科学出版社	清华大学出版社
中国法制出版社	中国时代经济出版社	外语教学与研究出版社
中国方正出版社	中国石化出版社	中国农业大学出版社
中国纺织出版社	中国水利水电出版社	中国人民大学出版社
中国妇女出版社	中国税务出版社	中国人民公安大学出版社
中国工人出版社	中国铁道出版社	中国政法大学出版社
中国广播影视出版社	中国统计出版社	中央广播电视大学出版社
中国国际广播出版社	中国文联出版社	中央民族大学出版社
中国和平出版社	中国文史出版社	解放军出版社
中国华侨出版社	中国市场出版社	长虹出版公司（副牌）
中国画报出版社	中国物资出版社	解放军文艺出版社
中国环境出版社	中国戏剧出版社	昆仑出版社（副牌）
中国计划出版社	中国协和医科大学出版社	金盾出版社
中国质检出版社	中国言实出版社	军事科学出版社
中国检察出版社	中国医药科技出版社	军事医学出版社
中国建材工业出版社	中国友谊出版公司	军事谊文出版社
中国建筑工业出版社	中国致公出版社	蓝天出版社
中国金融出版社	中国中医药出版社	人民军医出版社
中国经济出版社	中华工商联合出版社	星球地图出版社
中国劳动社会保障出版社	中信出版社	长城出版社
中国林业出版社	中央编译出版社	长征出版社
中国旅游出版社	中央文献出版社	国防大学出版社
中国民航出版社	中医古籍出版社	国防工业出版社
中国民主法制出版社	知识产权出版社	新时代出版社（副牌）
中国民族摄影艺术出版社	故宫出版社	海潮出版社
中国农业出版社	宗教文化出版社	中国航海图书出版社（副牌）
农村读物出版社（副牌）	作家出版社	华艺出版社
中国农业科学技术出版社	北京大学出版社	研究出版社
中国青年出版社	中国传媒大学出版社	中国海关出版社
中国轻工业出版社	北京航空航天大学出版社	北京交通大学出版社
中国人口出版社	北京理工大学出版社	人民武警出版社
中国人事出版社	北京师范大学出版社	中国长安出版社
中国三峡出版社	北京体育大学出版社	中央音乐学院出版社
中国商业出版社	北京邮电大学出版社	现代教育出版社
中国少年儿童出版社	北京语言大学出版社	生活书店出版公司

全国图书出版单位名录（续表2）

地方出版单位

单位名称
北京
北京出版社
北京人民出版社（副牌）
北京教育出版社（副牌）
北京美术摄影出版社（副牌）
北京少年儿童出版社（副牌）
北京十月文艺出版社（副牌）
文津出版社（副牌）
北京日报出版社
北京科学技术出版社
北京工艺美术出版社
北京燕山出版社
北京联合出版公司
中国书店
北京工业大学出版社
首都经济贸易大学出版社
首都师范大学出版社
旅游教育出版社
北京时代华文书局
北京华语联合出版公司
人民天舟（北京）出版公司
天津
天津人民出版社
百花文艺出版社
天津古籍出版社
天津教育出版社
新蕾出版社
天津科学技术出版社
天津人民美术出版社
天津社会科学院出版社
天津杨柳青画社
天津科技翻译出版公司
南开大学出版社
天津大学出版社
河北
河北人民出版社
河北教育出版社
河北科学技术出版社
河北美术出版社
河北少年儿童出版社
花山文艺出版社
河北大学出版社
燕山大学出版社
山西
山西人民出版社
书海出版社（副牌）
北岳文艺出版社
三晋出版社
山西教育出版社
山西经济出版社
山西科学技术出版社
希望出版社
内蒙古
内蒙古人民出版社
内蒙古科学技术出版社
内蒙古少年儿童出版社
内蒙古文化出版社
远方出版社
内蒙古大学出版社
内蒙古教育出版社
辽宁
辽宁人民出版社
春风文艺出版社（副牌）
辽海出版社
万卷出版公司
辽宁教育出版社
辽宁科学技术出版社
辽宁美术出版社
辽宁民族出版社
辽宁少年儿童出版社
大连出版社
沈阳出版社
大连海事大学出版社
大连理工大学出版社
东北财经大学出版社
东北大学出版社
辽宁大学出版社
辽宁师范大学出版社
白山出版社
吉林
吉林出版集团
吉林人民出版社
北方妇女儿童出版社
吉林教育出版社
吉林科学技术出版社
吉林美术出版社
吉林摄影出版社
吉林文史出版社
时代文艺出版社
长春出版社
延边人民出版社
延边教育出版社
东北师范大学出版社
吉林大学出版社
延边大学出版社
黑龙江
黑龙江人民出版社
北方文艺出版社
黑龙江朝鲜民族出版社

全国图书出版单位名录（续表3）

地方出版单位

单位名称	单位名称	单位名称
黑龙江教育出版社	立信会计出版社	南京师范大学出版社
黑龙江美术出版社	上海财经大学出版社	苏州大学出版社
黑龙江少年儿童出版社	上海社会科学院出版社	中国矿业大学出版社
哈尔滨出版社	文汇出版社	广陵书社
哈尔滨地图出版社	复旦大学出版社	**浙江**
黑龙江科学技术出版社	华东理工大学出版社	浙江人民出版社
东北林业大学出版社	华东师范大学出版社	杭州出版社
黑龙江大学出版社	上海交通大学出版社	宁波出版社
哈尔滨工程大学出版社	上海外语教育出版社	浙江古籍出版社
哈尔滨工业大学出版社	同济大学出版社	浙江教育出版社
上海	上海大学出版社	浙江科学技术出版社
上海人民出版社	上海浦江教育出版社	浙江人民美术出版社
上海中西书局	东华大学出版社	浙江少年儿童出版社
格致出版社	第二军医大学出版社	浙江摄影出版社
上海人民美术出版社	上海音乐学院出版社	浙江文艺出版社
上海三联书店	中国福利会出版社	西泠印社出版社
上海辞书出版社	东方出版中心	浙江大学出版社
上海古籍出版社	中华地图学社	中国美术学院出版社
上海锦绣文章出版社	**江苏**	浙江工商大学出版社
上海教育出版社	江苏人民出版社	**安徽**
上海科技教育出版社	凤凰出版社	安徽人民出版社
上海科学技术出版社	江苏教育出版社	安徽教育出版社
上海书店	江苏科学技术出版社	安徽科学技术出版社
上海书画出版社	江苏美术出版社	安徽美术出版社
上海文艺出版社	江苏少年儿童出版社	安徽少年儿童出版社
上海文化出版社	江苏文艺出版社	安徽文艺出版社
上海音乐出版社	译林出版社	黄山书社
上海译文出版社	南京出版社	安徽大学出版社
上海远东出版社	古吴轩出版社	中国科学技术大学出版社
少年儿童出版社	东南大学出版社	合肥工业大学出版社
学林出版社	河海大学出版社	安徽师范大学出版社
上海科学技术文献出版社	江苏大学出版社	**福建**
上海科学普及出版社	南京大学出版社	福建人民出版社

全国图书出版单位名录（续表4）

地方出版单位

单位名称	单位名称	单位名称
鹭江出版社（副牌）	山东大学出版社	湖南地图出版社
福建科学技术出版社	中国石油大学出版社	湖南教育出版社
福建美术出版社	黄河出版社	湖南科学技术出版社
福建少年儿童出版社	**河南**	湖南美术出版社
海峡书局出版社	河南人民出版社	湖南少年儿童出版社
海峡文艺出版社	文心出版社（副牌）	湖南文艺出版社
福建教育出版社	大象出版社	岳麓书社
福建地图出版社	海燕出版社	湖南大学出版社
厦门大学出版社	河南科学技术出版社	湖南师范大学出版社
海风出版社	河南美术出版社	中南大学出版社
江西	河南文艺出版社	国防科技大学出版社
江西人民出版社	中原农民出版社	湘潭大学出版社
百花洲文艺出版社	中州古籍出版社	**广东**
二十一世纪出版社	河南大学出版社	广东人民出版社
江西教育出版社	郑州大学出版社	广东教育出版社
江西科学技术出版社	黄河水利出版社	广东经济出版社
江西美术出版社	**湖北**	广东科技出版社
江西高校出版社	湖北人民出版社	花城出版社
山东	崇文书局	岭南美术出版社
山东人民出版社	长江文艺出版社	广东新世纪出版社
齐鲁书社	湖北教育出版社	广东高等教育出版社
明天出版社	湖北科学技术出版社	广东旅游出版社
山东画报出版社	湖北美术出版社	广东地图出版社
山东教育出版社	长江少年儿童出版社	广州出版社
山东科学技术出版社	武汉出版社	海天出版社
山东美术出版社	中国地质大学出版社	汕头大学出版社
山东文艺出版社	华中科技大学出版社	中山大学出版社
山东友谊出版社	华中师范大学出版社	华南理工大学出版社
泰山出版社	武汉大学出版社	暨南大学出版社
济南出版社	武汉理工大学出版社	羊城晚报出版社
青岛出版社	长江出版社	南方日报出版社
山东地图出版社	**湖南**	深圳报业集团出版社
中国海洋大学出版社	湖南人民出版社	**广西**

全国图书出版单位名录（续表5）

地方出版单位

单位名称
广西人民出版社
漓江出版社
广西教育出版社
广西科学技术出版社
广西美术出版社
接力出版社
广西民族出版社
广西师范大学出版社
海南
海南出版社
三环出版社（副牌）
南方出版社
南海出版公司
重庆
重庆出版社
重庆大学出版社
西南师范大学出版社
四川
四川人民出版社
巴蜀书社
成都地图出版社
成都时代出版社
四川辞书出版社
四川教育出版社
四川科学技术出版社
四川美术出版社
四川民族出版社
四川少年儿童出版社
四川文艺出版社
天地出版社
电子科技大学出版社
四川大学出版社
西南财经大学出版社
西南交通大学出版社
贵州
贵州人民出版社
贵州教育出版社
贵州科学技术出版社
贵州民族出版社
贵州大学出版社
孔学堂书局
云南
云南人民出版社
晨光出版社
云南教育出版社
云南科学技术出版社
云南美术出版社
德宏民族出版社
云南民族出版社
云南大学出版社
西藏
西藏人民出版社
藏文古籍出版社
陕西
陕西人民出版社
三秦出版社
陕西科学技术出版社
陕西人民教育出版社
陕西人民美术出版社
太白文艺出版社
未来出版社
西安出版社
陕西旅游出版社
西安地图出版社
陕西师范大学出版社
西安电子科技大学出版社
西安交通大学出版社
西北大学出版社
西北工业大学出版社
第四军医大学出版社
西北农林科技大学出版社
甘肃
甘肃人民出版社
甘肃少年儿童出版社（副牌）
甘肃教育出版社（副牌）
甘肃科学技术出版社（副牌）
甘肃民族出版社（副牌）
甘肃人民美术出版社（副牌）
敦煌文艺出版社（副牌）
甘肃文化出版社
兰州大学出版社
青海
青海人民出版社
青海民族出版社（副牌）
宁夏
宁夏人民出版社
阳光出版社（副牌）
宁夏人民教育出版社（副牌）
新疆
新疆人民出版社
喀什维吾尔文出版社
新疆人民卫生出版社
新疆科学技术出版社
新疆美术摄影出版社
克孜勒苏柯尔克孜文出版社
新疆教育出版社
新疆青少年出版社
伊犁人民出版社
新疆大学出版社
新疆生产建设兵团出版社

全国音像出版单位名录

中央出版单位

单位名称	单位名称	单位名称
中国人民公安大学出版社	中国国际广播音像出版社	中国大百科全书电子音像出版社
中国建筑工业出版社	电化教育电子音像出版社	中国计划出版社
中国唱片总公司	北京师范大学音像电子出版社有限责任公司	纵横电子音像出版社
北京协和医学音像电子出版社	中国民族音像出版社	中国言实出版社
北京南海音像出版社	中华医学电子音像出版社	华语教学出版社
语文音像出版社	机械工业出版社	北京伟地电子音像出版社
中国卫生科教音像出版社	北京科影音像出版社	人民体育音像出版社
解放军音像出版社	华盛音像出版社	人民邮电出版社
中纺音像出版社	北京环球音像出版社	人民法院电子音像出版社
北京世界知识音像电子出版社	中国青少年音像出版社	光明日报出版社
北京中轻生活音像出版社	高等教育电子音像出版社	先行音像出版社
人民交通出版社股份有限公司	奔流电子音像出版社	中国电力音像电子出版社
文物出版社	线装书局	中国金融出版社
商务印书馆电子音像出版中心	新世界出版社音像部	中国传媒大学电子音像出版社
中国旅游出版社	外文出版社音像部	中国录音录像出版总社
中国青年出版社	中国广播影视音像出版中心	北京东方影音公司
中国少年儿童音像电子出版社	中译出版社	中国科学文化音像出版社有限公司
中国妇女音像出版社	中国和平音像电子出版社	国际文化交流音像出版社
东方音像电子出版社	中央文献音像出版社	中航出版传媒有限责任公司
三联书店音像电子出版社	当代中国音像电子出版社	农业教育声像出版社
红旗音像电子出版社	中国质检出版社	中国人口音像出版社
中国时代经济音像电子出版社	中国国际传播音像出版社	煤炭工业出版社
中电报（北京）音像出版社有限公司	学习音像电子出版社	中国音乐家音像出版社
中影音像出版发行有限责任公司	中国法制出版社	九洲音像出版公司

全国音像出版单位名录（续表1）

中央出版单位

单位名称	单位名称	单位名称
法制音像出版社	中科数字出版传媒有限公司	北京语言大学电子音像出版社
三辰影库音像出版社有限公司	北京外语音像出版社	国防工业音像出版社
金报电子音像出版中心	中央教育科学研究所音像出版社	国土资源电子音像出版社
石油工业出版社	清华大学出版社有限公司	华信音像出版社
北京国际音像出版社	中央广播电视大学音像出版社	五洲传播出版社
隆兴音像出版社	北京大学音像出版社	北京体育大学音像电子出版社
金城音像出版社	中经录音录像中心	人民音乐电子音像出版社
中国文联音像出版公司	清华同方光盘电子出版社	北京社科智库电子音像出版社
中国电影音像出版社	北京天盛科学技术音像出版社	金盾音像出版社
世图音像电子出版社	中国农影音像出版社	中国医药科技音像出版社
中国华侨出版社	北京中电电子出版社	北京交通大学音像电子出版社
北京对外经济贸易大学出版社有限责任公司	中国职工音像出版社	中国汽车报社
华录电子音像出版有限公司	中国青年教育音像出版社	蓝天出版社
现代教育出版社	中国文采声像出版公司	中国海关出版社
中国三环音像社	中共中央党校求索音像出版社	中国农业大学出版社
人民卫生电子音像出版社有限公司	开明文教音像出版社	中国石化出版社有限公司
中国盲文出版社有声读物部	中国华艺音像实业有限公司	中华书局有限公司
中国电子音像出版社	解放军卫生音像出版社	国防大学出版社
北京新华音像电子出版社	武警音像出版社	人民出版社
中国检察出版社音像中心	北京财经电子音像出版社	商务印书馆国际有限公司
中国国际电视总公司	国家行政学院音像出版社	宗教文化出版社
中国广播音像出版社	英华电子音像出版社	中国劳动社会保障出版社
北京理工大学出版社	大恒电子音像出版社有限责任公司	中国原子能出版传媒有限公司
北京电影学院音像出版社有限公司	人民教育电子音像出版社有限公司	科学普及出版社
中央新影音像出版社	中国人民大学音像出版社	中国数字文化集团有限公司

全国音像出版单位名录（续表2）

地方出版单位

单位名称	单位名称	单位名称
北京	河北音像出版社	大连音像出版社有限公司
北京音像公司	河北文化音像出版社	大连理工大学电子音像出版社
北京文化艺术音像出版有限责任公司	河北百灵音像出版社	辽宁电子出版社
北京高教电子音像出版社有限责任公司	**山西**	大连东软电子出版社有限公司
北京市青少年音像出版社	山西广电音像出版有限责任公司	**吉林**
北京电视艺术中心音像出版社	山西春秋电子音像出版社	吉林教育出版社
北京电子音像出版社	山西教育音像出版社有限责任公司	吉林音像电子出版社
北京科海电子出版社	**内蒙古**	东北师范大学音像出版社
北京联合出版有限责任公司	内蒙古文化音像出版社	吉林教育音像出版社
北京国家大剧院古典音乐有限责任公司	**辽宁**	长春音像电子出版社
北京科学技术出版社	辽宁七星音像出版传媒有限公司	吉林文化音像出版社
旅游教育出版社	实用医学音像出版社	吉林大学音像出版社
中国书店	东北大学音像出版社	吉林银声音像出版社有限公司
天津	辽宁音像出版社	吉林民族音像出版社
天津市文化艺术音像出版社	辽宁科学技术出版社	**黑龙江**
天津音像公司	辽宁文化艺术音像出版社	哈尔滨商业大学音像教材出版社
新蕾音像出版社	辽宁广播电视音像出版社	哈尔滨工业大学出版社
天津外语电子音像出版社	辽宁辽沈音像电子出版社	黑龙江教育出版社
天津北洋音像出版社	沈阳电子出版社	黑龙江广播电视音像出版社
南开大学出版社	辽宁教育出版社	哈尔滨出版社
天津大学出版社	辽宁教育电子音像出版社	**上海**
天津人民出版社有限公司	辽宁美术出版社有限责任公司	上海海文音像出版社
河北	辽宁师范大学出版社	上海译文出版社
方圆电子音像出版社	大连海事大学出版社	上海音像出版社
河北教育音像电子出版社有限责任公司	万卷出版公司	上海科技音像出版社

全国音像出版单位名录（续表3）

地方出版单位

单位名称	单位名称	单位名称
上海文艺音像电子出版社	江苏文化音像出版社	厦门文广影音有限公司
中国唱片上海公司	江苏凤凰电子音像出版社有限公司	**江西**
上海声像（电子）出版社	南京大学电子音像出版社	红星电子音像出版社
上海教育（声像）出版社	江南电子音像出版社	江西音像出版社
上海交通大学电子音像出版社有限公司	**浙江**	二十一世纪出版集团有限公司
上海复旦大学电子音像出版社	浙江音像出版社有限公司	江西教育出版社有限责任公司
华东理工大学电子音像出版社	浙江电子音像出版社有限公司	江西高校出版社有限责任公司
上海科学技术文献出版社有限公司	浙江文艺音像出版社有限公司	**山东**
中国中福会出版社有限公司	浙江大学电子音像出版社	齐鲁电子音像出版社
少年儿童电子音像出版社	杭州汉书数字出版传播有限公司	山东文化音像出版社有限公司
上海城市动漫出版传媒有限公司	宁波东海岸电子音像出版社	山东电子音像出版社有限公司
华东师范大学电子音像出版社	嘉兴吴越电子音像出版有限公司	山东大学音像出版社
上海科学普及出版社	**安徽**	山东教育电子音像出版社
上海音像公司	时代新媒体出版社有限责任公司	山东鲁商数字出版社有限公司
上海外语音像（电子）出版社	安徽科技音像有限公司	大众音像出版社
上海外语教育出版社	安徽教育电子音像出版社	山东科技出版社
上海高教电子音像出版社	安徽音像出版社	明天出版社
上海教育音像出版社有限责任公司	中国科学技术大学音像出版社	青岛电子音像出版社
同济大学电子音像出版社	安徽新华电子音像出版社	济南出版有限责任公司
上海音乐学院出版社	合肥工业大学出版社有限公司	山东数字出版传媒有限公司
东方出版中心（音像出版社）	**福建**	中国石油大学音像电子出版社有限公司
江苏	海峡世纪（福建）影视文化有限公司	山东黄海数字出版社有限责任公司
南京音像出版社	福建教育音像出版社	**河南**
东南大学电子音像出版社	福建省文艺音像出版社	河南电子音像出版社
江苏音像出版社	福建电子音像出版社有限责任公司	黄河音像出版社

全国音像出版单位名录（续表4）

地方出版单位

单位名称	单位名称	单位名称
河南教育电子音像出版社有限责任公司	湖南美术电子音像出版社有限责任公司	**广西**
河南省文化艺术音像出版社	**广东**	广西金海湾电子音像出版社有限公司
解放军外语音像出版社	广东音像出版社有限公司	广西音像教材出版社有限公司
河南科学技术出版社	太平洋影音公司	接力音像电子出版社
湖北	广东省语言音像电子出版社	桂林贝贝特电子音像出版社有限责任公司
湖北省扬子江影音有限责任公司	广州出版社有限公司	广西科技大学音像电子出版社有限责任公司
武汉影视艺术传媒有限公司	广州外语音像出版社有限公司	**海南**
湖北九通电子音像出版社	中国唱片广州公司	海南省电子音像出版社
武汉大学出版社	广东海燕电子音像出版社	南方音像出版社
华中科技大学出版社	广东音像教材出版社有限公司	**重庆**
宜昌三峡电子音像出版社	华南理工大学出版社	重庆音像出版社
湖北科学技术出版社	中山大学音像出版社	天健电子音像出版社
华中师范大学出版社	广东新世纪音像电子出版社	重庆中电电子音像出版有限责任公司
湖南	岭南美术出版社	重庆大学电子音像出版社
湖南文化音像出版社	广东大音音像出版社	重庆电子音像出版社
湖南少年儿童音像出版社	广东教育出版社有限公司	西南师范大学电子音像出版社
中南大学音像出版社	深圳音像公司	**四川**
湖南金蜂音像出版社	深圳市激光节目出版发行公司	成都音像出版社
湖南电子音像出版社	中国唱片深圳公司	西南交通大学出版社
湖南教育音像电子出版社有限责任公司	深圳市书城电子出版物有限责任公司	四川音像出版社
湖南科学技术电子音像出版社	珠海百年电子音像出版社	四川文艺音像出版社
湖南潇影音像出版社有限责任公司	广东嘉应音像出版有限公司	四川数字出版传媒有限公司
国风电子音像出版社	广东珠江音像出版社	四川党建音像出版社
湖南师范大学出版社	广东惠州音像出版社	四川大学出版社
湖南大学出版社		

全国音像出版单位名录（续表5）

地方出版单位

单位名称	单位名称	单位名称
四川省教育电子音像出版社	云南科技出版社	陕西科学技术出版社
华科音像出版社	**西藏**	陕西三秦出版社有限责任公司
峨眉电影制片厂音像出版社	西藏音像出版社	**甘肃**
贵州	雪域音像电子出版社	甘肃省声像教材出版社
贵州文化音像出版社	**陕西**	甘肃省音像出版社
云南	陕西音像出版社	飞天电子音像出版社
云南音像出版社	陕西文化音像出版社	**青海**
云南民族文化音像出版社	西安电影制片厂录音录像出版社	西海民族音像出版社
云南人民电子音像出版社	陕西电子音像出版社有限责任公司	青海昆仑音像出版社
云南教育音像电子出版社有限责任公司	西安交通大学音像出版社	**宁夏**
云南大学电子音像出版社	西安外语音像教材出版社	宁夏黄河电子音像出版社有限公司
晨光音像电子出版社	西北工业大学音像电子出版社	**新疆**
云南美术出版社	陕西师范大学出版总社有限公司	新疆音像出版社
德宏民族出版社	西安出版社有限责任公司	新疆电子音像出版社